Schriften zum Arbeitsrecht und Wirtschaftsrecht

Herausgegeben von Abbo Junker

Band 77

PL ACADEMIC RESEARCH

Tarifliche Regelungsmacht bei Haustarifverträgen und Unternehmerfreiheit

Gabriele Geiselhart

Tarifliche Regelungsmacht bei Haustarifverträgen und Unternehmerfreiheit

Dargestellt am Beispiel von Standortgarantien und Zeitarbeitsquoten

PL ACADEMIC RESEARCH

Bibliografische Information der Deutschen Nationalbibliothek
Die Deutsche Nationalbibliothek verzeichnet diese Publikation in der Deutschen Nationalbibliografie; detaillierte bibliografische Daten sind im Internet über http://dnb.d-nb.de abrufbar.

Zugl.: Augsburg, Univ., Diss., 2012

D 384
ISSN 1433-4666
ISBN 978-3-631-62982-6

PL Academic Research ist ein Imprint der Peter Lang GmbH

Peter Lang – Frankfurt am Main · Berlin · Bruxelles · New York · Oxford · Wien · Warszawa

www.peterlang.de

Vorwort

Die vorliegende Arbeit wurde im WS 2012/2013 von der Juristischen Fakultät der Universität Augsburg als Dissertation angenommen. Die für den Druck überarbeitete Literatur hat den Stand 31.1.2013.

Beim Verfassen dieser Arbeit habe ich von einer Vielzahl von Personen unterschiedliche Unterstützung erfahren. Einigen von ihnen möchte ich ganz besonders danken.

Dies gilt zunächst für meine Doktor-Mutter Frau Prof. Martina Benecke, die für mich stets ansprechbar war, wenn ich organisatorische oder fachliche Fragen hatte. Ihre ruhige und freundliche Art hat dazu beigetragen, mir das nötige Selbstvertrauen zu geben.

Ganz herzlich bedanken möchte ich mich auch bei Herrn Prof. Abbo Junker, stellvertretender geschäftsführender Direktor des ZAAR in München. Das ZAAR hat mir einerseits die Möglichkeit eröffnet, promotionsbegleitend als wissenschaftliche Mitarbeiterin tätig zu sein. Vor allem aber stand mir Prof. Junker immer mit Rat und Tat zur Seite und hat mir neben vielen wertvollen Hinweisen auch in Phasen des Zweifelns den nötigen Rückhalt gegeben.

Weiter möchte ich Herrn Peer-Michael Dick als Hauptgeschäftsführer meines Arbeitgebers Südwestmetall für die sicherlich nicht selbstverständliche, ohne einen Moment des Zögerns erklärte Bereitschaft danken, mein Arbeitsverhältnis für die Dauer der Promotion ruhend zu stellen und mir die Weiterbeschäftigung nach der Fertigstellung dieser Arbeit zuzusagen.

Der Geduld und Hilfsbereitschaft meiner Freundin Julia Zirnig beim Formatieren verdanke ich die reibungslose technische Fertigstellung dieser Arbeit.

Große Unterstützung habe ich durch meine Eltern und vor allem durch meinen Mann, Gabriel Berger, erfahren. Auch ihnen gilt mein Dank.

Und schließlich will ich auch meine Tochter Helena erwähnen, die auf ihre Art ebenfalls ihren Teil zum Gelingen des Projekts beigetragen hat: Sie hat mich während der zweiten Hälfte der Arbeit „rund um die Uhr“ in meinem Bauch begleitet. Ihr habe ich daher diese Arbeit gewidmet.

Stuttgart, im Januar 2013 Gabriele Geiselhart

Inhaltsübersicht

Inhaltsverzeichnis

Einleitung

A. Praktische Bedeutung des Themas

Die Herausforderungen der Globalisierung und der damit einhergehende verstärkte Wettbewerbsdruck, aber auch immer kürzere und stärkere konjunkturelle Schwankungen haben in den vergangenen Jahren zur zunehmenden Erforderlichkeit betriebsindividuell zugeschnittener Tarifpolitik geführt. Es wurden vermehrt betriebliche Regelungen notwendig, die flexiblere Reaktionen auf die Kurzfristigkeit und das Ausmaß von Auslastungsschwankungen ermöglichten. Dies gilt gleichermaßen für konjunkturelle Krisen wie deren Hochphasen. Vermehrt wurden daher beispielsweise auch bei verbandszugehörigen Arbeitgebern Ergänzungstarifverträge geschlossen, die Abweichungen von flächentarifvertraglichen Regelungen beinhalteten. Als Kompensation für gewerkschaftliche Zugeständnisse im Bereich „klassischer" Tarifregelungen wie Entgelt und Arbeitszeit erhoben diese regelmäßig beschäftigungspolitische Forderungen. Hier eröffnet sich ein weites Spielfeld für Gewerkschaften, angefangen mit Standortzusagen und dem Ausschluss von Entlassungen über Ausbildungsfragen bis hin zur Einflussnahme auf die Art und Weise des Personaleinsatzes.

Technisch lassen sich derartige betriebsindividuell zugeschnittene tarifliche Regelungen auf zwei Arten bewerkstelligen: entweder durch einen Haustarifvertrag, in dem der Arbeitgeber selbst Tarifvertragspartei ist, oder aber durch einen firmenbezogenen Verbandstarifvertrag, in dem ein Arbeitgeberverband mit der Gewerkschaft für ein bestimmtes Unternehmen einen vom Flächentarifvertrag abweichenden Ergänzungstarifvertrag vereinbart.

Dabei ist die Tendenz festzustellen, dass in den vergangenen Jahren die Zahl der Haustarifverträge stetig angestiegen ist.[1] Diese Entwicklung dürfte ihre Ursache einerseits in der abnehmenden Zahl verbandszugehöriger Arbeitgeber haben. Andererseits kommt es aber auch bei verbandszugehörigen Arbeitgebern zum Abschluss von Haustarifverträgen, wenn beispielsweise der Arbeitgeber selbst auf gewerkschaftliche Forderungen einzugehen bereit ist, die aus verbandspolitischen oder unternehmensinternen Gründen nicht durch einen Verbandstarifvertrag geregelt werden sollen.

1 WSI-Tarifarchiv, Statistisches Taschenbuch Tarifpolitik 2012, abrufbar unter: http://www.boeckler.de/pdf/p_ta_tariftaschenbuch_2012.pdf (letzter Aufruf am 14.01.2013).

Betrachtet man einerseits diese praktischen Entwicklungen und stellt andererseits fest, dass die Besonderheiten von Haustarifverträgen bisher in der arbeitsrechtlichen Literatur eher ein Schattendasein führen, erscheint es geboten, die Reichweite der tariflichen Regelungsmacht bei Haustarifverträgen näher zu untersuchen.

B. Ziel und Gegenstand der Untersuchung

Ziel dieser Arbeit ist, die Reichweite der Regelungsmacht der Tarifvertragsparteien beim Abschluss von Haustarifverträgen, insbesondere im Hinblick auf die Unternehmerfreiheit, zu untersuchen. Dabei soll geprüft werden, ob den Tarifvertragsparteien bei Haustarifverträgen eine weitergehende Regelungsbefugnis zusteht als bei Verbandstarifverträgen.

Zu hinterfragen ist dabei zunächst, ob die Grundrechte des Arbeitgebers – insbesondere die grundrechtlich gewährleistete Unternehmerfreiheit – die Regelungsmacht der Tarifvertragsparteien bei Haustarifverträgen in gleichem Maße begrenzen wie bei Verbandstarifverträgen.

Des Weiteren ist zu untersuchen, inwieweit die Unternehmerfreiheit die Tarifautonomie generell begrenzt. Daran schließt sich die Frage an, ob der Arbeitgeber bei Abschluss eines Haustarifvertrages auf seinen Grundrechtsschutz verzichten kann, und wenn ja, unter welchen Voraussetzungen ein wirksamer Verzicht zu erfolgen hat.

Schließlich ist das gefundene Ergebnis daraufhin zu überprüfen, ob ein Korrektiv der bisher von der Rechtsprechung entwickelten Grundsätze zum Arbeitskampfrecht geboten erscheint. Es ist zu klären, ob ein an sich tariflich regelbares Ziel zwangsläufig durch Streik erzwungen werden kann oder ob der streikweisen Durchsetzung eines tariflich regelbaren Ziels, welches das Unternehmerverhalten betrifft, grundrechtlich geschützte Positionen des Arbeitgebers entgegenstehen.

Diese Fragen sollen anhand nachfolgender Fälle aus der betrieblichen Praxis erörtert werden. Über die Zulässigkeit von Standortgarantien in Tarifverträgen wird seit jeher heftig gestritten. Dies soll daher als klassisches Beispiel für die Kollision von Tarifautonomie und Unternehmerfreiheit herangezogen werden. Die aktuellen Entwicklungen in der Tarifpolitik zeigen aber auch, dass von Seiten der Gewerkschaft immer wieder neue Forderungen gestellt werden, die bisher nicht Gegenstand von Tarifverhandlungen waren. Vor diesem Hintergrund soll für die Untersuchung ein weiteres Beispiel aus dem Bereich des Einsatzes von Zeitarbeit gewählt werden. In den Beispielsfällen wird jeweils unterschieden, ob die tarifliche Regelung unter Streikdruck abgeschlossen wird oder noch im Verhandlungsweg zustande kommt.

Vor dem Hintergrund tariflicher Regelungen zur Begrenzung der Zeitarbeit wird aktuell vermehrt das Verhältnis zwischen Tarifautonomie und Kartellrecht, insbesondere die Frage, ob tarifliche Regelungen, die möglicherweise die Nachfrage der Zeitarbeit regulieren, auch an kartellrechtliche Grenzen (Außenschranken der Tarifautonomie) stoßen, diskutiert. Diese weitreichende Problematik soll jedoch nicht Gegenstand dieser Untersuchung sein.

I. Standortgarantie

1. Ausgangsfall

Der nicht in einem tarifschließenden Arbeitgeberverband organisierte Arbeitgeber hat beschlossen, seinen Betrieb ins Ausland zu verlagern, um Personalkosten einzusparen. Die zuständige Gewerkschaft ruft zum Streik gegen diese Standortverlagerung auf und zwingt den Arbeitgeber hierdurch, einen Haustarifvertrag mit dem Inhalt abzuschließen, den bisherigen Standort für einen von den Tarifvertragsparteien definierten Zeitraum beizubehalten.

2. Abwandlung

Wie im Ausgangsfall schließt der Arbeitgeber mit der zuständigen Gewerkschaft einen Haustarifvertrag, in welchem er sich verpflichtet, den Standort im Inland beizubehalten. Dieser Haustarifvertrag kommt jedoch nicht unter Streikdruck zustande, sondern noch im Rahmen der laufenden Tarifverhandlungen, da im Gegenzug von der Gewerkschaft eine Absenkung des tariflichen Lohnniveaus für die Dauer der Standortgarantie zugesagt wird.

II. Zeitarbeitsquote

1. Ausgangsfall

Der in einem tarifschließenden Arbeitgeberverband organisierte Arbeitgeber beabsichtigt, eine bevorstehende Produktionsspitze durch den Einsatz von Zeitarbeitnehmern abzudecken. Der Anteil der im Betrieb eingesetzten Zeitarbeitnehmer würde damit 10 % der Stammbelegschaft übersteigen.

Aufgrund entgegenstehender personalpolitischer Vorstellungen ruft die zuständige Gewerkschaft zum Streik auf und erzwingt einen Haustarifvertrag mit dem Inhalt, dass die Quote der im Betrieb eingesetzten Zeitarbeitnehmer dauerhaft maximal 5 % der Stammbelegschaft betragen darf.

2. Abwandlung

Wie im Ausgangsfall schließt der Arbeitgeber einen Haustarifvertrag, der den Einsatz von Zeitarbeitnehmern im Betrieb auf 5 % der Stammbelegschaft begrenzt. Allerdings verhandelt der Arbeitgeber diesen Haustarifvertrag nicht unter Streikdruck. Als Kompensation für die Begrenzung der Zeitarbeit wird im Haustarifvertrag geregelt, dass für die Laufzeit dieses Haustarifvertrages keine tariflichen Mehrarbeitszuschläge vom Arbeitgeber ausbezahlt werden müssen.

Teil 1: Grundlagen der tariflichen Regelungsmacht

A. Einführung

Für diese Untersuchung ist zugrunde zu legen, dass unter Haustarifverträgen Tarifverträge gemeint sind, die der einzelne Arbeitgeber mit der zuständigen Gewerkschaft für einen oder mehrere Betriebe abschließt.

Die Grundlagen der tariflichen Regelungsmacht sind auch bei Haustarifverträgen im Verfassungsrecht und Tarifvertragsgesetz zu finden. Daher ist zunächst auf die verfassungsrechtliche Gewährleistung der Tarifautonomie nach Art. 9 Abs. 3 GG und die einfachgesetzliche Ausgestaltung der Tarifautonomie durch das TVG einzugehen. Im Anschluss daran wird untersucht, ob und inwiefern Haustarifverträge einer Grundrechtsbindung unterliegen.

B. Verfassungsrechtliche Gewährleistung der Tarifautonomie durch Art. 9 Abs. 3 GG

Art. 9 Abs. 3 GG gewährleistet für jedermann und für alle Berufe die Möglichkeit, Vereinigungen zur Wahrung und Förderung der Arbeits- und Wirtschaftsbedingungen zu bilden. Die Koalitionen sollen dadurch selbst und eigenverantwortlich, grundsätzlich frei von staatlicher Einflussnahme über die Arbeits- und Wirtschaftsbedingungen bestimmen.[2] Wesentlicher Zweck der Koalitionsfreiheit ist das Aushandeln und der Abschluss von Tarifverträgen.[3]

Für die nachfolgende Untersuchung ist von entscheidender Bedeutung, wie der Zuständigkeitsbereich tarifvertraglicher Gestaltungskompetenz zu bestimmen ist. Insbesondere geht es zunächst darum, zu klären, ob sich Standortgarantien und Zeitarbeitsquoten innerhalb des Kompetenzbereichs der Koalitionen nach Art. 9 Abs. 3 GG bewegen.

---

2 BVerfG, Beschluss vom 24.5.1977 – 2 BvL 11/74, BVerfGE 44, 322, 340 f.; BVerfG, Urteil vom 1.3.1979 – 1 BvR 532/77, 1 BvR 533/77, 1 BvR 419/78, 1 BvL 21/78, BVerfGE 50, 290, 367; BVerfG, Urteil vom 14.6.1983 – 2 BvR 488/80, BVerfGE 64, 208, 215.

3 BVerfG, Beschluss vom 24.4.1996 – 1 BvR 712/86, BVerfGE 94, 268, 283.

I. Persönlicher Schutzbereich

1. Grundrechtsträger

Der Schutzbereich des Art. 9 Abs. 3 GG umfasst zum einen die koalitionsmäßige Betätigung natürlicher Personen, also der Arbeitnehmer und Arbeitgeber (individuelle Koalitionsfreiheit), zum anderen auch die Koalition als Kollektiv (kollektive Koalitionsfreiheit).[4]

2. Arbeitgeber als „Koalition" beim Haustarifvertrag?

Umstritten ist, ob der einzelne Arbeitgeber eine „Koalition"[5] im Sinne des Art. 9 Abs. 3 GG sein kann und damit seine Tariffähigkeit direkt aus Art. 9 Abs. 3 GG abzuleiten ist.

Das Bundesarbeitsgericht (BAG) hat in einer Entscheidung vom 20.11.1990 beispielsweise das Recht des einzelnen Arbeitgebers zur Abwehraussperrung auf Art. 9 Abs. 3 GG gestützt.[6] Wenige Jahre zuvor hatte es hingegen ausgeführt, dass der Arbeitgeber zwar keine Koalition darstelle, aber aufgrund § 2 Abs. 1 TVG fähig sei, Tarifvertragspartei zu sein.[7]

Löwisch/Rieble vertreten die Auffassung, dass der Arbeitgeber selbst nie eine Koalition sein könne. Daher sei seine Teilnahme am kollektiven System nicht von Art. 9 Abs. 3 GG, sondern von seiner individuellen Berufs- und Unternehmerfreiheit geschützt.[8]

---

4 BVerfG, Urteil vom 18.11.1954 – 1 BvR 629/52, BVerfGE 4, 96 ff.; BVerfG, Beschluss vom 2.3.1993 – 1 BvR 1213/85, BVerfGE 88, 103, 114; BVerfG, Beschluss vom 24.4.1996 – 1 BvR 712/86, BVerfGE 94, 268, 282 f.; BVerfG (2. Kammer des Ersten Senats), Beschluss vom 10.9.2004 – 1 BvR 1191/03, BVerfGK 4, 60, 62 f.; BAG, Urteil vom 28.2.2006 – 1 AZR 460/04, BAGE 117, 137, 146; *Badura,* in: Arbeitsrecht der Gegenwart Bd. 15, S. 19 f.; *Biedenkopf,* Grenzen der Tarifautonomie, 88; *Brox/Rüthers,* Arbeitskampfrecht, 41; Sachs-*Höfling,* GG, Art. 9 Rn. 66 ff.; *Lerche,* Verfassungsrechtliche Zentralfragen des Arbeitskampfs, 25; MünchArbR-*Löwisch/Rieble,* § 157 Rn. 1, § 155 Rn. 4; *Richardi,* Kollektivgewalt und Individualwille bei der Gestaltung des Arbeitsverhältnisses, 77; *Säcker,* in: Arbeitsrecht der Gegenwart Bd. 12, S. 17 ff.; Maunz/Dürig-*Scholz,* GG, Art. 9 Rn. 23 ff.; *Weber,* Koalitionsfreiheit und Tarifautonomie als Verfassungsproblem, 11; *Wiese,* ZfA 2008, 317, 322.

5 Zum Begriff der Koalition: Maunz/Dürig-*Scholz,* GG, Art. 9 Rn. 193 ff.

6 BAG, Beschluss vom 20.11.1990 – 1 ABR 62/89, BAGE 66, 258, 264; offengelassen: BAG, Urteil vom 11.8.1992 – 1 AZR 103/92, BAGE 71, 92, 98; so auch: *Bayreuther,* Tarifautonomie als kollektiv ausgeübte Privatautonomie, 293 ff.

7 BAG, Urteil vom 14.7.1981 – 1 AZR 159/78, BAGE 36, 131, 137 f.

8 MünchArbR-*Löwisch/Rieble,* § 155 Rn. 16; vermittelnd: Maunz/Dürig-*Scholz,* GG, Art. 9 Rn. 192.

Dieser Meinungsstreit entfaltet für diese Untersuchung keine entscheidende Bedeutung, da der Gesetzgeber dem einzelnen Arbeitgeber durch § 2 Abs. 1 TVG die Fähigkeit, Tarifverträge abzuschließen, zumindest einfachgesetzlich zugesprochen hat.[9] Insofern wird auf eine vertiefte Auseinandersetzung mit dieser Frage verzichtet.

II. Sachlicher Schutzbereich

1. Individuelle Koalitionsfreiheit

Zu der durch Art. 9 Abs. 3 GG geschützten individuellen Koalitionsfreiheit gehört die Gründung wie der Beitritt zu einer Koalition, der Verbleib in der Koalition und die Teilnahme an der geschützten Tätigkeit durch Arbeitnehmer und Arbeitgeber (positive Koalitionsfreiheit).[10] Nach h. M. ist spiegelbildlich auch die Entscheidung des Einzelnen geschützt, einer Koalition nicht beizutreten oder aus ihr auszutreten (negative Koalitionsfreiheit).[11]

2. Kollektive Koalitionsfreiheit

Art. 9 Abs. 3 GG gewährleistet über die individuelle Koalitionsfreiheit hinaus der Koalition selbst die Bildung und den Bestand (Existenzgarantie), die autonome Regelung der Organisation (Organisationsautonomie) und das Recht, durch spezifisch koalitionsmäßige Betätigung die in Art. 9 Abs. 3 GG genannten Zwecke zu verfolgen (Betätigungsgarantie).[12]

Nach ständiger Rechtsprechung des Bundesverfassungsgerichts (BVerfG) ist vom Inhalt der Koalitionsfreiheit jede „spezifisch koalitionsmäßige Betätigung" erfasst.[13] Darunter fällt als wichtigste Handlungsweise die Festlegung von Min-

---

9 Erfurter Kommentar-*Franzen,* TVG, § 2 Rn. 20ff.

10 BVerfG, Beschluss vom 27.3.1979 – 2 BvR 1011/78, BVerfGE 51, 77, 87f.; BVerfG, Beschluss vom 15.7.1980 – 1 BvR 24/74, 1 BvR 439/79, BVerfGE 55, 7, 21; BVerfG, Urteil vom 14.6.1983 – 2 BvR 488/80, BVerfGE 64, 208, 213; BVerfG, Beschluss vom 11.7.2006 – 1 BvL 4/00, BVerfGE 116, 202, 217.

11 BVerfG, Urteil vom 14.6.1983 – 2 BvR 488/80, BVerfGE 64, 208, 213; BVerfG, Beschluss vom 23.4.1986 – 2 BvR 487/80, BVerfGE 73, 261, 270; BAG, Urteil vom 18.2.2003 – 1 AZR 142/02, BAGE 105, 5, 16; BVerfG, Beschluss vom 11.7.2006 – 1 BvL 4/00, BVerfGE 116, 202, 218.

12 BVerfG, Beschluss vom 26.1991 – 1 BvR 779/85, BVerfGE 84, 212, 224; BVerfG, Beschluss vom 24.2.1999 – 1 BvR 123/93, BVerfGE 100, 214, 221; *Löwisch/Rieble,* TVG, Grundl. Rn. 88.

13 BVerfG, Beschluss vom 20.10.1981 – 1 BvR 404/78, BVerfGE 58, 233, 246; BVerfG, Beschluss vom 26.6.1991 – 1 BvR 779/85, BVerfGE 84, 212, 224; BVerfG, Beschluss vom 14.11.1995 – 1

destarbeitsbedingungen. Vornehmlich ist also der Abschluss von Tarifverträgen durch die Tarifautonomie gewährleistet.[14]

Aber auch der Arbeitskampf als das zur Durchsetzung der tariflichen Ziele erforderliche Mittel ist durch Art. 9 Abs. 3 GG legitimiert.[15] In seiner Entscheidung vom 26.6.1991 führte das Gericht aus, dass, „soweit die Verfolgung des Vereinszwecks vom Einsatz bestimmter Mittel abhängt, werden daher auch diese vom Schutz des Grundrechts erfasst. Zu den geschützten Mitteln zählen auch Arbeitskampfmaßnahmen, die auf den Abschluß von Tarifverträgen gerichtet sind. Sie werden jedenfalls insoweit von der Koalitionsfreiheit erfaßt, als sie allgemein erforderlich sind, um eine funktionierende Tarifautonomie sicherzustellen. Dafür spricht auch Art. 9 Abs. 3 GG."[16]

3. Insbesondere: Tarifautonomie

Die Tarifautonomie ist wesentliches Element der Koalitionsbetätigungsfreiheit.[17] Nach Ansicht des BVerfG gewährt „Art. 9 Abs. 3 GG mit der Koalitionsfreiheit die Tarifautonomie und damit den Kernbereich eines Tarifvertragssystems, weil sonst die Koalitionen ihre Funktion, in dem von der staatlichen Rechtsetzung freigelassenen Raum das Arbeitsleben im Einzelnen durch Tarifverträge zu ordnen, nicht sinnvoll erfüllen könnten".[18]

Nach Auffassung des BVerfG handelt es sich hierbei um eine allgemein gehaltene Garantie, die keine verfassungsrechtliche Zementierung des einfach-gesetzlichen status quo bewirke, sondern dem Gesetzgeber einen weiten Spielraum zur Ausgestaltung der Tarifautonomie belasse.[19] Der Gesetzgeber habe bei der Ausgestaltung einen weiten Entscheidungsspielraum, der aber an dem „verfassungs-

---

BvR 601/92, BVerfGE 93, 352, 357; BVerfG, Beschluss vom 27.4.1999 – 1 BvR 2203/93, 1 BvR 897/95, BVerfGE 100, 271, 282.

14 BVerfG, Beschluss vom 2.3.1993 – 1 BvR 1213/85, BVerfGE 88, 103, 114; BVerfG, Urteil vom 10.1.1995 – 1 BvF 1/90, 1 BvR 342/90, 1 BvR 348/90, BVerfGE 92, 26, 38; BAG, Urteil vom 12.9.1984 – 1 AZR 342/83, BAGE 46, 322, 332; BAG, Urteil vom 27.6.1989 – 1 AZR 404/88, BAGE 62, 171, 184.

15 BVerfG, Urteil vom 18.11.1954 – 1 BvR 629/52, BVerfGE 4, 96, 106; BVerfG, Beschluss vom 18.12.1974 – 1 BvR 430/65, 1 BvR 259/66, BVerfGE 38, 281, 305; BVerfG, Beschluss vom 26.6.1991 – 1 BvR 779/85, BVerfGE 84, 212, 224; BVerfG, Urteil vom 10.1.1995 – 1 BvF 1/90, 1 BvR 342, 1 BvR 348/90, BVerfGE 92, 26, 38; BVerfG, Beschluss vom 27.4.1999 – 1 BvR 2203/93, 1 BvR 897/95, BVerfGE 100, 271, 282; BVerfG, Beschluss vom 3.4.2001 – 1 BvL 32/97, BVerfGE 103, 293, 304.

16 BVerfG, Beschluss vom 26.6.1991 – 1 BvR 779/85, BVerfGE 84, 212, 224.

17 BVerfG, Beschluss vom 20.10.1981 – 1 BvR 404/78, BVerfGE 58, 233, 246ff.; BVerfG, Beschluss vom 27.4.1999 – 1 BvR 2203/93, 1 BvR 897/95, BVerfGE 100, 271, 282ff.

18 BVerfG, Beschluss vom 19.10.1966 – 1 BvL 24/65, BVerfGE 20, 312ff.

19 BVerfG, Beschluss vom 19.10.1966 – 1 BvL 24/65, BVerfGE 20, 312ff.

rechtlich gewährleisteten Kernbereich der Koalitionsfreiheit“ seine Grenzen finde.[20] Er sei verpflichtet, ein Tarifvertragssystem im Sinne eines “modernen Arbeitsrechts“ bereitzustellen.[21]

a) Arbeits- und Wirtschaftsbedingungen als grundrechtsimmanente Schranken der Tarifautonomie, Art. 9 Abs. 3 S. 1 GG

Die Tarifautonomie als Bestandteil der kollektiven Koalitionsfreiheit eröffnet den Tarifvertragsparteien die grundsätzliche Möglichkeit, Tarifverträge abzuschließen und verpflichtet den Staat, den „Kernbereich eines Tarifvertragssystems überhaupt“ zur Verfügung zu stellen.[22] Allerdings gilt diese Gewährleistung nicht unbegrenzt. Art. 9 Abs. 3 GG umschreibt das Betätigungsfeld der Koalitionen durch den Begriff der „Arbeits- und Wirtschaftsbedingungen“.

Mit der Festlegung des sachlichen Schutzbereiches auf Arbeits- und Wirtschaftsbedingungen bestimmt Art. 9 Abs. 3 GG zum einen den *Zweck* der Koalitionsfreiheit.[23] Demnach muss der Zweck der Vereinigung in der Wahrung und Förderung der Arbeits- und Wirtschaftsbedingungen liegen.[24] Zum anderen grenzt der Begriff der „Arbeits- und Wirtschaftsbedingungen“ auch die *Kompetenz* der Tarifautonomie ein.[25] Das Begriffspaar der „Arbeits- und Wirtschaftsbedingungen“ kennzeichnet daher den Sachbereich, den die Koalitionen „in eigener Verantwortung ohne staatliche Einflussnahme“ gestalten können.[26]

Es ist daher zu untersuchen, welche Regelungsmaterien unter den Begriff „Arbeits- und Wirtschaftsbedingungen“ zu subsumieren sind, insbesondere, ob Standortgarantien und Zeitarbeitsquoten vom Kompetenzbereich der Koalitionen nach Art. 9 Abs. 3 GG erfasst werden.

Nach h. M. ist unter Arbeits- und Wirtschaftsbedingungen die Gesamtheit der Bedingungen gemeint, unter denen abhängige Arbeit geleistet und eine sinnvolle Ordnung des Arbeitslebens ermöglicht wird. Das Begriffspaar der Arbeits- und Wirtschaftsbedingungen bezeichnet einen unteilbaren Sinn- und Lebenszusammenhang.[27]

---

20 BVerfG, Urteil vom 1.3.1979 – 1 BvR 532/77, 1 BvR 533/77, 1 BvR 419/78, 1 BvL 21/78, BVerfGE 50, 290, 369.

21 BVerfG, Urteil vom 18.11.1954 – 1 BvR 629/52, BVerfGE 4, 96, 106.

22 BVerfG, Urteil vom 6.5.1964 – 1 BvR 79/62, BVerfGE 18, 18, 26f.

23 Dazu näher: Erfurter Kommentar-*Dieterich,* GG, Art. 9 Rn. 23.

24 Näher dazu: Maunz/Dürig-*Scholz,* GG, Art. 9 Rn. 255ff.

25 Erfurter Kommentar-*Dieterich,* GG, Art. 9 Rn. 72.

26 BVerfG, Beschluss vom 26.5.1970 – 2 BvR 664/65, BVerfGE 28, 295, 304.

27 Erfurter Kommentar-*Dieterich,* GG, Art. 9 GG Rn. 72ff.; *Gamillscheg,* Kollektives Arbeitsrecht I, 219ff.; MünchArbR-*Löwisch/Rieble,* § 155 Rn. 15ff.; *Säcker/Oetker,* Grundlagen und Grenzen der Tarifautonomie, 33, 72; Wiedemann-*Wiedemann,* TVG, Einl. Rn. 99; enger:

Der Formulierung des Art. 9 Abs. 3 GG, die genau zwei Begriffe benennt, ist darüber hinaus zu entnehmen, dass sich die Regelungsbefugnis auf die Arbeits- und Wirtschaftsbedingungen beschränkt. Damit begrenzt Art. 9 Abs. 3 GG die Zuständigkeit der Koalitionen in zwei Richtungen.

Zum einen sind allgemeine Lebenssachverhalte, die nicht im Zusammenhang mit Arbeits- und Wirtschaftsbedingungen stehen, nicht von Art. 9 Abs. 3 GG erfasst. Danach kann durch einen Tarifvertrag ein rein „privater" Sachverhalt ohne Bezug zum Arbeitsleben, z. B. die Freizeitgestaltung des Arbeitnehmers, grundsätzlich nicht geregelt werden, da dieser keinen Bezug zum Arbeitsverhältnis aufweist.[28]

Weniger eindeutig ist jedoch, ob rein wirtschaftliche Fragen und unternehmerische Grundentscheidungen von der Tarifautonomie erfasst werden. Wirtschaftsbedingungen eines Unternehmens stehen nur dann der Tarifautonomie offen, wenn sie einen erkennbaren Bezug zu den Arbeitsbedingungen aufweisen.[29] Ist dies nicht der Fall, scheidet eine Zuständigkeit der Koalitionen aus. Werden durch unternehmerische Entscheidungen Arbeitsbedingungen mit betroffen, kann eine Zuständigkeit der Koalitionen in Betracht kommen. Der Grenzverlauf der Tarifautonomie in Bezug auf unternehmerische Entscheidungen wird kontrovers diskutiert.

Wie der Kompetenzbereich der Koalitionsfreiheit in Bezug auf unternehmerische Entscheidungen im Einzelnen abgegrenzt wird, soll daher anhand der Beispiele unter b) verdeutlicht werden.

In diesem Rahmen spielt auch die Frage eine Rolle, ob den Koalitionen ein beschäftigungspolitisches Mandat zukommt. Da der Begriff der „Arbeits- und Wirtschaftsbedingungen" die Gesamtheit der Bedingungen meint, unter denen abhängige Arbeit geleistet wird[30], sind auch beschäftigungspolitische Fragen darunter zu subsumieren[31]. Ob diese allerdings auch von der Tarifmacht im Sinne des TVG erfasst sind, wird an späterer Stelle erörtert.

b) Tarifautonomie in Bezug auf unternehmerische Entscheidungen

Inwieweit das Begriffspaar der „Arbeits- und Wirtschaftsbedingungen" den Koalitionen eine Regelungskompetenz in Bezug auf unternehmerische Entscheidungen eröffnet, ist lebhaft umstritten.

Forsthoff, BB 1965, 381, 385 f.; *Zöllner/Loritz/Hergenröder,* Arbeitsrecht, 100 f; weiter: *Dürig,* NJW 1955, 729, 729 f.; *Däubler,* Das Grundrecht auf Mitbestimmung, 187.

28 Erfurter Kommentar-*Dieterich,* GG, Art. 9 Rn. 74.

29 *Wiedemann,* RdA 1986, 231, 232.

30 *Söllner,* in: Arbeitsrecht der Gegenwart Bd. 16, S. 19 ff., 26 f.

31 *Rieble,* ZTR 1993, 54, 55.

Das BVerfG ist der Auffassung, dass dem Unternehmer ein bestimmter Bereich zur freien Entscheidung in unternehmerischen Angelegenheiten zustehen muss. Ein angemessener Spielraum zur Entfaltung der Unternehmensautonomie sei unantastbar.[32]

Folgerichtig findet sich der Grundsatz einer „freien Unternehmerentscheidung" an verschiedenen Stellen des gesamten Arbeitsrechts. Beispielsweise ist im Rahmen einer betriebsbedingten Kündigung die Unternehmerentscheidung, deren Umsetzung zum Wegfall von Arbeitsplätzen führt, nur auf Willkür oder offensichtliche Unsachlichkeit hin zu überprüfen.[33] Im Falle einer Betriebsänderung besteht lediglich ein eingeschränktes Mitwirkungsrecht des Betriebsrates, nicht aber ein echtes Mitbestimmungsrecht. Der Gesetzgeber hat nämlich den Interessenausgleich nach § 112 Abs. 1 BetrVG im Gegensatz zum Sozialplan nicht erzwingbar ausgestaltet.[34]

Inwiefern der Grundsatz einer freien Unternehmerentscheidung auch bei der Abgrenzung des Kompetenzbereichs der Koalitionen Anwendung findet, ist nachfolgend anhand der Eingangsbeispiele zu untersuchen. Aus der o. g. Formulierung des Bundesverfassungsgerichts lassen sich nämlich keine konkreten Schlüsse ziehen.

aa) Standortgarantie

Ein Haustarifvertrag, der eine Standortgarantie zum Inhalt hat, regelt einen Sachverhalt, der das „Ob" der Produktion betrifft. Grundsätzlich muss es allein dem Arbeitgeber überlassen sein, ob er seinen Betrieb am bisherigen Standort weiterführen will oder ob er ihn möglicherweise überhaupt nicht mehr betreiben möchte. Die einschneidenden Folgen einer derartigen unternehmerischen Entscheidung für die Arbeitnehmer werfen allerdings die Frage auf, ob es nicht sachgerecht wäre, den Kompetenzbereich der Koalitionen in Bezug auf derartige Maßnahmen des Arbeitgebers zu eröffnen.

In der Literatur besteht Uneinigkeit darüber, ob Standortentscheidungen überhaupt dem kollektiven Vertragsmechanismus unterliegen oder ob sie bereits auf dieser Ebene der tariflichen Regelungsmacht entzogen sind.

---

32 BVerfG, Beschluss vom 14.10.1970 – 1 BvR 306/68, BVerfGE 29, 260, 266 f.; BVerfG, Urteil vom 1.3.1979 – 1 BvR 532/77, 1 BvR 533/77, 1 BvR 419/78 und 1 BvL 21/78, BVerfGE 50, 290, 366; so auch: *Löwisch*, DB 2005, 554, 557 f.

33 Mit weiteren Nachweisen: Erfurter Kommentar-*Oetker*, KSchG, § 1 Rn. 240a.

34 Erfurter Kommentar-*Kania*, BetrVG, §§112, 112 a Rn. 1 ff.

Gewichtige Stimmen ordnen Produktionsstilllegungen und Produktionsverlagerungen einer „kollektivfreien Sphäre“ zu.[35] Eine tarifvertragliche Einflussnahme auf die unternehmerische Entscheidung sei bereits durch die Verfassung der tarifvertraglichen Regelungszuständigkeit entzogen.[36] Jedenfalls aber dürften sie nicht unter Streikdruck erzwungen werden.[37]

Wiedemann hingegen will im Einzelfall prüfen, ob durch die jeweilige unternehmerische Maßnahme der Rechtskreis der Arbeitnehmer unmittelbar tangiert wird oder ob solche Auswirkungen zunächst noch von der Reaktion des Marktes auf die unternehmerische Entscheidung abhängig sind. Als „Rechtskreis der Arbeitnehmer“ sei hierbei die Gesamtheit aller rechtlichen und sozialen Belange der Arbeitnehmer zu verstehen.[38]

Wieder andere Stimmen in der Literatur sehen als entscheidendes Kriterium an, ob derartige Maßnahmen gravierende Folgen für die Arbeitnehmer entfalten. So sei bei Standortfragen die Sachnähe zu den Arbeitsbedingungen unbestreitbar dicht. Eine entsprechende Betriebsänderung könne Entlassungen aufgrund betriebsbedingter Kündigung unmittelbar zur Folge haben. Mit dem Kriterium der Sachnähe könne daher die Kompetenz der Tarifvertragsparteien jedenfalls für standortbezogene Maßnahmen des Arbeitgebers nicht in Abrede gestellt werden.[39]

Das BAG hat bisher nicht explizit zur tariflichen Regelbarkeit von Standortgarantien Stellung genommen. In seiner Entscheidung vom 3.4.1990 (Zeitzuschläge in einem Personalbemessungssystem) hat es jedoch zum Verhältnis zwischen Tarifautonomie und Unternehmensautonomie ausgeführt, dass die tarifvertragsfreie Unternehmensautonomie nicht so weit gehe, dass die Gewerkschaften darauf beschränkt seien, nur soziale Folgewirkungen unternehmerischer Entscheidungen zu regeln. Der Regelungsauftrag des Art. 9 Abs. 3 GG beziehe sich immer dann, wenn sich die wirtschaftliche und soziale Seite nicht trennen ließen, zwangsläufig mit auf die Steuerung der unternehmerischen Sachentscheidung.[40]

Da nahezu jede Maßnahme auf Unternehmensebene Auswirkungen auf die Arbeitsbedingungen der Arbeitnehmer haben kann, erscheint es geboten, nach

---

35 *Fischinger,* Arbeitskämpfe bei Standortverlagerung und -schließung, 160 ff.; *Hanau/Thüsing,* ZTR 2001, 1, 49, 52; *Löwisch,* DB 2005, 554, 558; *Papier,* RdA 1989, 137 ff.

36 *Biedenkopf,* in: Gutachten zum 46. Deutschen Juristentag, S. 97, 163.

37 *Gamillscheg,* Kollektives Arbeitsrecht I, 345 f; LAG Hamm, Urteil vom 31.5.2000 – 18 Sa 858/00, NZA-RR 2000, 535, 537.

38 *Wiedemann,* RdA 1986, 231, 232 ff.

39 *Hensche,* AuR 2004, 443 ff.; *Kühling/Bertelsmann,* NZA 2005, 1017, 1027.

40 BAG, Urteil vom 3.4.1990 – 1 AZR 123/89, BAGE 64, 284, 296; andere Schlüsse aus dieser Entscheidung zieht das LAG Hamm, Urteil vom 31.5.2000 – 18 Sa 858/00, NZA-RR 2000, 535, 537.

dem Grad der Auswirkungen auf die Arbeitnehmer zu differenzieren. Dies soll anhand des nachfolgenden Beispiels verdeutlicht werden.

Entscheidet sich beispielsweise ein Zulieferer der Automobilindustrie, zukünftig einen anderen Automobilhersteller zu beliefern, kann auch diese Entscheidung Auswirkungen auf die Arbeitsbedingungen des Zulieferers haben. Beispielsweise kann damit die Notwendigkeit einer Just-in-Time-Produktion einhergehen, die wiederum die Arbeitszeitgestaltung beeinflussen kann. Eine solche unternehmerische Entscheidung ist jedoch weit weniger einschneidend für die Arbeitsbedingungen der Arbeitnehmer als beispielsweise eine Entscheidung eines Arbeitgebers, den Betrieb zu verlagern. Hier wird regelmäßig als Folge eintreten, dass Entlassungen erforderlich werden. Eine solche Entscheidung stellt in der Regel eine viel größere Härte in Bezug auf die Arbeitsverhältnisse dar. Hier ist die wirtschaftliche Seite so untrennbar mit der sozialen Seite verbunden, dass sich die Regelungsbefugnis der Koalitionen darauf erstrecken muss.

Wegen der unmittelbaren und einschneidenden Auswirkungen auf die Arbeitsbedingungen und -verhältnisse sind daher Standortgarantien von der Kompetenz der Koalitionen im Sinne des Art. 9 Abs. 3 GG gedeckt.[41]

bb) Zeitarbeitsquote

Unstreitig besteht grundsätzlich eine Regelungszuständigkeit der Koalitionen hinsichtlich Zeitarbeitsverhältnissen auf der Ebene „Verleiher-Zeitarbeitnehmer“[42], da unter Arbeits- und Wirtschaftsbedingungen im Sinne des Art. 9 Abs. 3 GG die Verhältnisse verstanden werden, unter denen Arbeitnehmer beschäftigt werden und unter denen Arbeitgeber Arbeitnehmer beschäftigen.[43] Betrachtet man jedoch das die Zeitarbeit typisierende Dreiecksverhältnis „Verleiher-Entleiher-Zeitarbeitnehmer“ unter der Berücksichtigung der Tatsache, dass zwischen Entleiher und Zeitarbeitnehmer gerade kein Arbeitsverhältnis besteht, ist zu hinterfragen, ob der Kompetenzbereich der Koalitionen im Entleiherbetrieb für die Regelungen dieser Arbeitsbedingungen überhaupt eröffnet ist. Sollte dies zu bejahen sein, stellt sich darüber hinaus die Frage, ob die unternehmerische Entscheidung des Entleihers, Arbeitsplätze nicht mit eigenen Arbeitnehmern, sondern mit Zeitarbeitnehmern zu besetzen, einer Regelung durch die Koalitionen zugänglich ist.

Da im Verhältnis zwischen Entleiher und Zeitarbeitnehmer kein Arbeitsverhältnis besteht, muss zur Begründung der Zuständigkeit der Tarifvertragspar-

---

41 So auch: *Hensche*, AuR 2004, 443 ff.; *Kühling/Bertelsmann*, NZA 2005, 1017, 1027.

42 Dazu auch: Däubler-*Schiek*, TVG, § 1 Rn. 258.

43 *Söllner*, in: Arbeitsrecht der Gegenwart Bd. 16, S. 19, 24.

teien nach Art. 9 Abs. 3 GG auf andere Anknüpfungspunkte zurückgegriffen werden. Eine tarifvertragliche Quote, die den Einsatz von Zeitarbeitnehmern im Entleiherbetrieb beschränkt, betrifft auch die Arbeitsbedingungen im Entleiherbetrieb. Insofern ist die Arbeitsorganisation des Entleihers betroffen. Da unter Arbeits- und Wirtschaftsbedingungen die Gesamtheit der Bedingungen, unter denen abhängige Arbeit geleistet wird, gemeint ist[44], zählt hierunter auch die Arbeitsorganisation an sich. Eine sinnvolle Ordnung des Arbeitslebens wäre nicht möglich, wenn sich die Regelungskompetenz der Koalitionen nicht auch auf die Arbeitsorganisation im Entleiherbetrieb erstrecken würde.

Die Entscheidung, wie, insbesondere mit wieviel eigenem Personal der Arbeitgeber sein Unternehmensziel erreichen möchte, ist eine unternehmerische Entscheidung.[45] Allerdings hat diese Entscheidung unmittelbare Auswirkungen auf die Belegschaft des Entleihers. Durch eine Quote, die die Zusammensetzung der Belegschaft im weitesten Sinne regelt, sind wiederum die Arbeitsorganisation sowie das Personalmanagement des Arbeitgebers betroffen und damit unmittelbar die Arbeitsverhältnisse, unter denen Arbeitnehmer beschäftigt werden. Auch insofern ist davon auszugehen, dass eine tarifliche Quotierung der Zeitarbeit im Entleiherbetrieb unter den Zuständigkeitsbereich der Koalitionen im Sinne des Art. 9 Abs. 3 GG fällt.

III. Zwischenergebnis

Die tarifliche Regelungsmacht bei Haustarifverträgen ist verfassungsrechtlich durch Art. 9 Abs. 3 GG gewährleistet. Begrenzt wird die Regelungszuständigkeit der Koalitionen durch den Begriff der „Arbeits- und Wirtschaftsbedingungen“. Der Begriff „Arbeits- und Wirtschaftsbedingungen“ stellt einen einheitlichen Sinn- und Lebenszusammenhang dar. Bei der Frage nach der Zuständigkeit der Koalitionen in Bezug auf unternehmerische Entscheidungen ist nach dem Grad der Auswirkungen dieser Entscheidung auf die Arbeitnehmer zu differenzieren. Unter Zugrundelegung dieser Ansicht sind tarifliche Regelungen zu Standortgarantien und Zeitarbeitsquoten unter den Begriff der „Arbeits- und Wirtschaftsbedingungen“ zu subsumieren. Eine grundsätzliche Regelungszuständigkeit der Koalitionen nach Art. 9 Abs. 3 GG ist demnach für solche Regelungen gegeben.

---

44 Erfurter Kommentar-*Dieterich*, GG, Art. 9 GG Rn. 72 ff.; *Gamillscheg*, Kollektives Arbeitsrecht I, 219 ff.; MünchArbR-*Löwisch/Rieble*, § 155 Rn. 15 ff.; *Säcker/Oetker*, Grundlagen und Grenzen der Tarifautonomie, 33, 72; Wiedemann-*Wiedemann*, TVG, Einl. Rn. 99; enger: *Forsthoff*, BB 1965, 381, 385 f.; *Zöllner/Loritz/Hergenröder*, Arbeitsrecht, 100 f; weiter: *Dürig*, NJW 1955, 729, 729 f.; *Däubler*, Das Grundrecht auf Mitbestimmung, 187.

45 *Preis*, NZA 1995, 241, 243.

C. Einfachgesetzliche Ausgestaltung der Tarifautonomie durch das Tarifvertragsgesetz

Im Anschluss an die Prüfung, ob bestimmte unternehmerische Entscheidungen, wie Standortgarantien und Zeitarbeitsquoten, in den Kompetenzbereich der Koalitionen nach Art. 9 Abs. 3 GG fallen, stellt sich die Frage, ob die Tarifvertragsparteien auch befugt sind, diese unternehmerischen Entscheidungen einer tarifvertraglichen Regelung zuzuführen. Die Lösung hierfür ist nicht im Verfassungsrecht zu suchen, sondern im Tarifvertragsgesetz (TVG).[46]

Art. 9 Abs. 3 GG eröffnet dem Gesetzgeber die Möglichkeit und die Pflicht, ein funktionierendes Tarifvertragssystem bereitzustellen.[47] Das Tarifvertragssystem ist damit verfassungsrechtlich in seiner Existenz an sich geschützt. Nach Auffassung des BVerfG steht dem Gesetzgeber bei der konkreten Ausgestaltung des Tarifvertragssystems ein weiter Gestaltungsspielraum zu.[48] Der Gesetzgeber hat die Ausgestaltung mit dem Tarifvertragsgesetz vom 9.4.1949 verwirklicht.

I. Arbeitgeber beim Haustarifvertrag als Tarifvertragspartei, § 2 Abs. 1 TVG

Der einzelne Arbeitgeber ist befugt, einen Haustarifvertrag abzuschließen. Der Gesetzgeber hat durch § 2 Abs. 1 TVG auch dem einzelnen Arbeitgeber Tariffähigkeit verliehen. § 2 Abs. 1 TVG stellt somit sicher, dass einer Gewerkschaft unabhängig von einer Verbandszugehörigkeit des Arbeitgebers ein Tarifpartner zur Verfügung steht.[49]

Die Tariffähigkeit eines Arbeitgebers hängt auch nicht von der Zahl der beschäftigten Arbeitnehmer ab.[50] Darüber hinaus bleibt die Tariffähigkeit des einzelnen Arbeitgebers erhalten, auch wenn er einem Arbeitgeberverband beitritt.[51]

---

46 Vgl.: *Olschewski,* Standorterhaltung und Arbeitskampf, 115.

47 Erfurter Kommentar-*Dieterich,* GG, Art. 9 Rn. 82 f.

48 BVerfG, Beschluss vom 19.10.1966 – 1 BvL 24/65, BVerfGE 20, 312, 317; BVerfG, Urteil vom 1.3.1979 – 1 BvR 532/77, 1 BvR 533/77, 1 BvR 419/78, 1 BvL 21/78, BVerfGE 50, 290, 369; BVerfG, Beschluss vom 20.10.1981 – 1 BvR 404/78, BVerfGE 58, 233, 248.

49 Erfurter Kommentar-*Franzen,* TVG, § 2 Rn. 20.

50 Wiedemann-*Oetker,* TVG, § 2 Rn. 137 ff.

51 BAG, Beschluss vom 25.9.1996 – 1 ABR 4/96, BAGE 84, 166, 186 f.; a. A. *Matthes,* in: FS Schaub, 1998, S. 476, 482 f.

II. Zulässiger Inhalt tarifvertraglicher Regelungen, § 1 Abs. 1 TVG

Die Normsetzungsbefugnis der Tarifvertragsparteien wird durch § 1 Abs. 1 TVG begrenzt. In § 1 Abs. 1 TVG ist folgendes normiert:

„Der Tarifvertrag regelt die Rechte und Pflichten der Tarifvertragsparteien und enthält Rechtsnormen, die den Inhalt, den Abschluss und die Beendigung von Arbeitsverhältnissen sowie betriebliche und betriebsverfassungsrechtliche Fragen ordnen können."

§ 1 Abs. 1 TVG eröffnet den Tarifvertragsparteien somit zum einen die Möglichkeit, Sachverhalte normativ mit unmittelbarer und zwingender Wirkung (§§ 4 Abs. 1, 2 TVG) gegenüber den Tarifgebundenen zu regeln.[52] Insofern ergibt sich die Normsetzungsbefugnis der Tarifvertragsparteien aus den in § 1 Abs. 1 TVG genannten Arbeitsbedingungen.[53]

Zum anderen können die Tarifvertragsparteien untereinander Verpflichtungen eingehen, die schuldrechtlicher Art sind und insoweit keine normative Wirkung entfalten.[54]

In Bezug auf Standortgarantien und Zeitarbeitsquoten stellt sich die Frage, auf welche Weise derartige Vereinbarungen in einem Tarifvertrag festgelegt werden können. Es ist daher zu untersuchen, welche rechtliche Qualität Standortgarantien und Zeitarbeitsquoten aufweisen.

1. Standortgarantien und Zeitarbeitsquoten als Rechtsnormen?

Standortgarantien und Zeitarbeitsquoten wären dann unter den normativen Teil des Tarifvertrages zu subsumieren, wenn sie entweder Rechte und Pflichten der Arbeitsvertragsparteien (sog. Individualnormen) oder betriebliche und betriebsverfassungsrechtliche Sachverhalte regeln würden.

a) Individualnormen

Zu überprüfen ist also, inwieweit eine tariflich geregelte Standortsicherung einerseits und eine tarifliche Begrenzung der Zeitarbeit im Einsatzbetrieb andererseits als tarifliche Individualnormen qualifiziert werden können. In Betracht kommen hierbei Inhalts-, Abschluss-, und Beendigungsnormen.

52 Näher zur unmittelbaren und zwingenden Wirkung: *Löwisch/Rieble*, TVG, § 4 Rn. 29 ff.

53 *Löwisch/Rieble*, TVG, § 1 Rn. 135 f.

54 Erfurter Kommentar-*Franzen*, TVG, § 1 Rn. 80.

aa) Standortgarantie

Beendigungsnormen regeln die Berechtigung der Arbeitsvertragsparteien zur Beendigung des Arbeitsverhältnisses sowie das „Ob" und „Wie" der Beendigung des Arbeitsverhältnisses.[55] Dazu zählen auch Regelungen, die die Kündigungsmöglichkeit des Arbeitgebers beschränken, sog. Beendigungsverbote.[56]

Bei einer Standortgarantie steht jedoch nicht ein Beendigungsverbot in Form eines Verbots oder einer Beschränkung der Kündigungsmöglichkeit des Arbeitgebers, sondern die Zusicherung der Standorterhaltung im Vordergrund. Diese regelt die Beendigung von Arbeitsverhältnissen nicht unmittelbar, sondern kann hierauf allenfalls mittelbar Auswirkungen haben. Die Zusage des Arbeitgebers, den Standort in A aufrechtzuerhalten, stellt die Voraussetzung dar, betriebsbedingte Kündigungen wegen einer Standortverlagerung nicht auszusprechen. Das „Ob" und „Wie" der Beendigung des Arbeitsverhältnisses wird dadurch gerade nicht unmittelbar geregelt. Eine tarifvertragliche Zusicherung, den bisherigen Standort zu erhalten, ist daher nicht als Beendigungsnorm zu qualifizieren.[57]

bb) Zeitarbeitsquote

Ebenso ist fraglich, ob eine tarifvertragliche Begrenzung der Zeitarbeit im Einsatzbetrieb in Form einer Quote eine Individualnorm im Sinne von § 1 Abs. 1 TVG darstellen kann. Individualnormen gelten gem. § 4 Abs. 1 S. 1 TVG grundsätzlich zwischen dem tarifgebundenen Arbeitgeber und den in der entsprechenden Gewerkschaft organisierten Arbeitnehmern und begründen, wie der Wortlaut schon besagt, individuelle Ansprüche der Arbeitsvertragsparteien.[58]

Zu überlegen wäre lediglich, ob eine Quote zur Begrenzung der Zeitarbeit eine Abschlussnorm darstellen kann. In Betracht käme hier ein sog. Abschlussverbot. Abschlussverbote legen fest, dass bestimmte Arbeitnehmer auf bestimmten Arbeitsplätzen nicht beschäftigt werden dürfen.[59] Darunter fallen nach Ansicht von *Reim* auch Quoten zur Begrenzung des Einsatzes von Zeitarbeitnehmern.[60] Dem ist aber entgegenzuhalten, dass Individualnormen nur zwischen den beiderseits Tarifgebundenen wirken und Zeitarbeitnehmer gerade nicht Arbeitnehmer des Entleihers sind. Dem Entleiher fehlt daher die Tarifmacht für das Arbeits-

55 Erfurter Kommentar-*Franzen,* TVG, § 1 Rn. 44.
56 Erfurter Kommentar-*Franzen,* TVG, § 1 Rn. 44.
57 *Buchner,* DB 2001, Beil. 9, S. 1, 9; *Hanau/Thüsing,* ZTR 2001, 49, 53; *Lobinger,* in: ZAAR-Schriftenreihe Bd. 2, „Zukunft des Arbeitskampfes", S. 55, 62 f.; *Meyer,* ZTR 2005, 394, 399.
58 Näher dazu: *Löwisch/Rieble,* TVG, § 1 Rn. 140 ff.
59 Däubler-*Reim,* TVG, § 1 Rn. 331.
60 Däubler-*Reim,* TVG, § 1 Rn. 332.

verhältnis zwischen Verleiher und Zeitarbeitnehmer.[61] Darüber hinaus ist auch zweifelhaft, ob eine Quote zur Begrenzung der Zeitarbeit individuelle Ansprüche zwischen dem Entleiher und seinen Stammarbeitnehmern begründen soll.

b) Betriebsnormen

Nach § 1 Abs. 1 TVG erstreckt sich die Tarifmacht der Tarifvertragsparteien nicht nur auf individuelle Normen. § 1 Abs. 1 TVG ermöglicht den Tarifvertragsparteien auch, betriebliche Fragen mittels sog. Betriebsnormen im Tarifvertrag zu regeln.

Betriebsnormen sind tarifvertragliche Bestimmungen, die nicht das einzelne Arbeitsverhältnis zum Gegenstand haben, sondern das Verhältnis zwischen Arbeitgeber und der Belegschaft (oder Teilen der Belegschaft) als Kollektiv.[62] Sie beziehen sich unmittelbar auf die Organisation und Gestaltung des Betriebes bzw. der Betriebsmittel und der Belegschaft.[63] Für Regelungsgegenstände, die zweckmäßig nicht individualvertraglich vereinbart werden können, stellen Betriebsnormen das passende Regelungsinstrument dar.[64] Betriebsnormen regeln also das Rechtsverhältnis zwischen dem Arbeitgeber und der gesamten Belegschaft oder bestimmten Arbeitnehmergruppen, wobei teilweise bestritten wird, dass ein solches Rechtsverhältnis überhaupt besteht.[65] Da für die normative Wirkung der Betriebsnormen allein die Tarifbindung des Arbeitgebers genügt, sind auch sog. Außenseiter von der Wirkung der Betriebsnormen erfasst, § 3 Abs. 2 TVG. Das BAG grenzt daher den Bereich der Betriebsnormen insoweit ein, als es sich um Bestimmungen handeln muss, „die in der sozialen Wirklichkeit aus tatsächlichen oder rechtlichen Gründen nur einheitlich gelten können".[66] Nach h. M. ist § 3 Abs. 2 TVG verfassungsgemäß.[67]

Zu überprüfen ist, ob Standortgarantien und Zeitarbeitsquoten als Betriebsnormen zu qualifizieren sind.

---

61 *Rieble/Wiebauer,* in: ZAAR-Schriftenreihe Bd. 15, „Zukunft der Zeitarbeit", S. 65 ff.; Thüsing/Braun-*Thüsing,* Tarifrecht, 271.

62 BAG, Beschluss vom 17.6.1997 – 1 ABR 3/97, BAGE 86, 126, 130 f.

63 Berg/Platow/Schoof/Unterhinninghofen, TVG, Teil 2, § 1 Rn. 134.

64 BAG, Beschluss vom 26.4.1990 – 1 ABR 84/87, BAGE 64, 368, 383.

65 Bejahend: *Löwisch/Rieble,* TVG, § 1 Rn. 352 ff.; Däubler-*Reim,* TVG, § 1 Rn. 351 ff.; Erfurter Kommentar-*Franzen,* TVG, § 1 Rn. 45 ff.; *Lieb,* RdA 1967, 441, 448 f.; *Hanau, H.,* RdA 1996, 158, 164.

66 BAG, Beschluss vom 26.4.1990 – 1 ABR 3/97, BAGE 86, 126, 130.

67 BAG, Urteil vom 7.11.1995 – 3 AZR 676/94, NZA 1996, 1214, 1216; Wiedemann-*Oetker,* TVG, § 3 Rn. 172 ff.; *Gamillscheg,* Kollektives Arbeitsrecht I, 719.

aa) Standortgarantie

Durch eine tarifliche Regelung zur Standorterhaltung sichert der Arbeitgeber den Arbeitnehmern mittelbar zu, von ihnen für einen bestimmten Zeitraum Arbeitsleistung an einem bestimmten Ort und in einem bestimmten Umfang abzurufen. Diese Zusicherung betrifft jedenfalls den Betrieb als ganzen und nicht nur das individuelle Arbeitsverhältnis.

Ob dadurch das betriebliche Rechtsverhältnis an sich geregelt wird, erscheint jedoch fraglich. Mit der Festlegung, einen bestimmten Standort weiter zu erhalten, wird nach *Hanau/Thüsing* „nicht das betriebliche Rechtsverhältnis selbst gestaltet, sondern darüberhinausgehend der Rahmen formuliert, in dem der Betrieb arbeiten kann, also die Voraussetzungen für ein solches Rechtsverhältnis geschaffen“[68]. Die Verpflichtung zur Standorterhaltung bereitet somit die Grundlage dafür, dass und unter welchen Bedingungen im Betrieb gearbeitet werden kann. Diese Verpflichtung betrifft also die „Vorstufe“ des betrieblichen Rechtsverhältnisses. Insofern ist davon auszugehen, dass eine Standortgarantie nicht als Betriebsnorm qualifiziert werden kann, da nicht unmittelbar das betriebliche Rechtsverhältnis geregelt wird, sondern die unternehmerische Vorfrage, ob der Betrieb verlagert oder erhalten werden soll.[69]

bb) Zeitarbeitsquote

In Bezug auf tarifliche Regelungen zur Zeitarbeit ist als Vorfrage zu klären, ob die tarifliche Regelungsbefugnis durch Betriebsnormen auch die im Entleiherbetrieb eingesetzten Zeitarbeitnehmer erfassen kann. Betriebsnormen regeln Arbeitsbedingungen, die aus dem Betrieb als arbeitsorganisatorischer Einheit resultieren.[70]

Zieht man hier den Vergleich zum Betriebsverfassungsrecht, dann ist festzustellen, dass Zeitarbeitnehmer nach § 14 Abs. 1 AÜG aus betriebsverfassungsrechtlicher Sicht eigentlich dem Verleiherbetrieb angehören. Jedoch ist bereits aufgrund verschiedener gesetzlicher Regelungen von einer Aufspaltung der betriebsverfassungsrechtlichen Kompetenzen in Bezug auf die Zeitarbeitnehmer auszugehen.[71] Beispielsweise wird durch § 14 Abs. 3 AÜG dem Betriebsrat des Entleiherbetriebs hinsichtlich der Einstellung ein Mitbestimmungsrecht nach § 99 BetrVG eingeräumt. Darüber hinaus gewährt das Betriebsverfassungsrecht

68 *Hanau/Thüsing,* in: Tarifautonomie im Wandel, Bd. 1, S. 7, 32.

69 Vgl. auch: *Hanau/Thüsing,* ZTR 2001, 49, 53; *Krause,* Standortsicherung und Arbeitsrecht, 57.

70 *Löwisch/Rieble,* TVG, § 1 Rn. 352.

71 BAG, Beschluss vom 15.12.1992 – 1 ABR 38/92, BAGE 72, 107, 111 f.; BAG, Beschluss vom 19.6.2001 – 1 ABR 43/00, BAGE 98, 60, 65 f.

dem Betriebsrat weitere Beteiligungsrechte in Bezug auf Zeitarbeitnehmer, auf die noch an späterer Stelle näher eingegangen wird.

Es erscheint daher folgerichtig, dass die Betriebsnormen, deren Geltung ja notwendig betriebseinheitlich ist, auch für die Zeitarbeitnehmer im Entleiherbetrieb Wirkung entfalten, da hierfür an die Arbeitsorganisation im Entleiherbetrieb angeknüpft wird.[72] Dies wird besonders deutlich, wenn man Vorschriften zum Arbeitsschutz betrachtet. Es würde dem Zweck des Arbeitsschutzes zuwiderlaufen, wenn sie nicht einheitlich für alle im Betrieb Beschäftigten gelten würden, sondern nur für die Stammarbeitnehmer.

Ausgehend von der Prämisse, dass Betriebsnormen grundsätzlich auch auf im Entleiherbetrieb eingesetzte Zeitarbeitnehmer Anwendung finden können, ist daher zu prüfen, ob eine Quotenregelung auch inhaltlich als Betriebsnorm zu qualifizieren ist.

Eine tarifliche Quote, die die Zahl der Zeitarbeitnehmer im Einsatzbetrieb auf einen bestimmten Anteil an der Stammbelegschaft begrenzt, betrifft im weitesten Sinne die Zusammensetzung der „Belegschaft" im Betrieb. Die Diskussion, ob die Zusammensetzung der Belegschaft durch Betriebsnormen geregelt werden kann, hat sich an den Besetzungsregeln der Druckindustrie entfacht. Das BAG hat in seiner Entscheidung vom 17.6.1999 beispielsweise eine Norm, die die Mindestanzahl der an bestimmten Maschinen zu beschäftigenden Hilfskräfte festlegt, als Betriebsnorm gewertet. Da die Besetzungsklauseln die Anzahl der an den Maschinen zu beschäftigenden Arbeitnehmern beträfen, könnten sie nur einheitlich für Organisierte und Nichtorganisierte gelten. Die jeweilige Regelung könne also nur einheitlich für alle Arbeitnehmer erfolgen.[73]

Streitig vor dem Hintergrund der Diskussion um die rechtliche Qualität von Besetzungsklauseln ist bereits die Frage, ob die Arbeitsorganisation Gegenstand von Betriebsnormen sein kann.[74]

In der Literatur wird dies zum Teil angezweifelt. So ist *Rieble* der Auffassung, dass die Arbeitsorganisation an sich nicht Gegenstand der tariflichen Regelung des Betriebs sein könne, da es vielmehr um die aus der Arbeitsorganisation resultierenden Wechselbezüglichkeit der Arbeitsbedingungen gehe. Gerade Besetzungsregeln hätten ihren Grund nicht in der Wechselbezüglichkeit der Arbeitsbedingungen. Besetzungsregeln, insbesondere in Bezug auf die Zeitarbeit, verfolgten überbetriebliche Ziele, die aber nicht Gegenstand von Betriebsnormen

---

72 Vgl.: Däubler-*Hensche,* TVG, § 1 Rn. 793 ff.

73 BAG, Urteil vom 17.6.1999 – 2 AZR 456/98, BAGE 92, 79, 84.

74 Bejahend: *Dieterich,* in: FS Däubler, 1999, S. 451, 453; *ders.,* Die betrieblichen Normen nach dem Tarifvertragsgesetz vom 9.4.1949, 34 ff.; Kempen/Zachert-*Kempen,* TVG, § 3 Rn. 22 ff.; ähnlich: *Säcker/Oetker,* Grundlagen und Grenzen der Tarifautonomie, 139 ff.

sein könnten.[75] Eine Wechselbezüglichkeit der Arbeitsbedingungen könnte gegebenenfalls darin liegen, Gefahren durch bestimmte Arbeitnehmer für andere Arbeitnehmer zu verhindern.[76] Eine solche Wechselbezüglichkeit sei bei tariflichen Zeitarbeitsquoten aber nicht zu erkennen, da durch sie jedenfalls keine den Besetzungsregeln vergleichbaren Zwecke verfolgt würden.[77]

Dieterich hingegen vertritt die Auffassung, dass die Betriebsgestaltung selbst tariflich regelbar sei. Betriebliche Fragen seien solche, die sich auf die Betriebsmittel, auf die Mitarbeiter und auf die organisatorische Zusammenfassung des Ganzen bezögen. Das zahlenmäßige Verhältnis bestimmter Arbeitnehmergruppen zur Gesamtzahl der Mitarbeiter eines Betriebes, beispielsweise Lehrlingsskalen, seien Fragen, die die quantitative Zusammensetzung des Mitarbeiterkreises regelten.[78] So hat auch *Zöllner* in seiner Anmerkung zum Urteil des Landesarbeitsgerichtes (LAG) Düsseldorf vom 19.9.1960 (Lehrlingsskalen) Regelungen, die die Zusammensetzung der Arbeitnehmerschaft zum Inhalt haben, als Betriebsnormen gewertet.[79]

Unterstützend hat das BAG in der Entscheidung vom 17.6.1997 ausgeführt, dass unter dem in § 3 Abs. 2 TVG verwandten Begriff „betriebliche Fragen" solche gemeint seien, die unmittelbar die Organisation und Gestaltung des Betriebes, also der Betriebsmittel und der Belegschaft beträfen. Dies verdeutliche die Funktion und Eigenart der Betriebsnormen. Fragen der Betriebsgestaltung in diesem Sinne seien u. a. Fragen der Zusammensetzung des Mitarbeiterkreises. Darunter fielen auch quantitative Fragen wie das zahlenmäßige Verhältnis bestimmter Arbeitnehmergruppen zur Gesamtzahl der Mitarbeiter im Betrieb.[80]

Der Unterschied einer tariflichen Zeitarbeitsquote zu dem der Entscheidung des BAG vom 17.6.1997 zugrunde liegenden Sachverhalt liegt jedoch darin, dass sich eine tarifvertragliche Quotierung des Einsatzes von Zeitarbeitnehmern nicht auf das Verhältnis einer „Arbeitnehmergruppe" zur Gesamtbelegschaft bezieht. Zeitarbeitnehmer sind keine Arbeitnehmer des Entleihers. Zeitarbeitnehmer werden im Einsatzbetrieb jedoch – abgesehen von der nicht bestehenden vertraglichen Anbindung zum Entleiher – wie eigene Arbeitnehmer eingesetzt und sind Träger bestimmter Rechte, die ansonsten nur Arbeitnehmern zustehen.[81] Zum

---

75 *Rieble/Wiebauer*, in: ZAAR-Schriftenreihe Bd. 15, „Zukunft der Zeitarbeit", S. 65, 76 ff.

76 *Rieble/Wiebauer*, in: ZAAR-Schriftenreihe Bd. 15, „Zukunft der Zeitarbeit", S. 65, 76 ff.

77 *Rieble/Wiebauer*, in: ZAAR-Schriftenreihe Bd. 15, „Zukunft der Zeitarbeit", S. 65, 69 ff.

78 *Dieterich*, Die betrieblichen Normen nach dem Tarifvertragsgesetz vom 9.4.1949, 34 ff.

79 *Zöllner*, Anmerkung zu LAG Düsseldorf, Urteil vom 19.9.1960 – 1 Sa 300/60, AP Nr. 1 zu § 4 TVG (Lehrlingsskala).

80 BAG, Beschluss vom 17.6.1997 – 1 ABR 3/97, BAGE 86, 126, 131; so auch: *Dieterich*, Die betrieblichen Normen nach dem Tarifvertragsgesetz vom 9.4.1949, 34 ff., 39 f.

81 Vgl.: Erfurter Kommentar-*Wank*, AÜG, Einl. Rn. 23 ff.

einen unterliegen Zeitarbeitnehmer dem Weisungsrecht des Entleihers und sind in dessen Betrieb eingegliedert.[82] Darüber hinaus können Zeitarbeitnehmer gem. § 14 Abs. 2 Nr. 2 AÜG an Betriebsversammlungen im Entleiherbetrieb und gem. § 7 S. 2 BetrVG nach einer Betriebszugehörigkeit von 3 Monaten an Betriebsratswahlen teilnehmen. Auch dem Betriebsrat des Entleiherbetriebs stehen Rechte in Bezug auf Zeitarbeitnehmer zu, wie beispielsweise das Beteiligungsrecht des Betriebsrates vor der Übernahme eines Zeitarbeitnehmers nach § 14 Abs. 3 AÜG i. V. m. § 99 BetrVG. Das BAG hat am 18.10.2011 ferner entschieden, dass Zeitarbeitnehmer bei der Berechnung des Schwellenwertes für eine Betriebsänderung zu berücksichtigen sind.[83] Eine strikte Trennung zwischen den Arbeitnehmern und den Zeitarbeitnehmern des Entleihers liegt daher schon aufgrund gesetzlicher Vorschriften sowie der Rechtsprechung des BAG nicht vor.

Eine solche Trennung von Stammarbeitnehmern und Zeitarbeitnehmern ist auch in der betrieblichen Praxis nicht zu erkennen. Der Einsatz von Zeitarbeitnehmern kann Auswirkungen auf die Stammbelegschaft entfalten. Stammarbeitnehmer könnten durch den Einsatz von Zeitarbeitnehmern vermehrt mit Einarbeitungsmaßnahmen beschäftigt werden, da die Zeitarbeitnehmer in der Regel nicht so lange im Entleiherbetrieb eingesetzt werden wie Stammarbeitnehmer. Zudem kann sich beispielsweise der Einsatz von Zeitarbeitnehmern auf ein gruppenbezogenes Leistungsentgelt auswirken, da bei häufig fluktuierenden Zeitarbeitnehmern möglicherweise nicht derselbe Leistungsgrad erzielt werden kann wie in einem „eingespielten Team" von Stammarbeitnehmern. Schließlich kann sich der Einsatz von Zeitarbeitnehmern auch dergestalt arbeitsorganisatorisch auswirken, dass eine Aufteilung von schwerer erlernbaren qualifizierten Tätigkeiten auf Stammarbeitnehmer und andererseits eine vermehrte Übertragung einfacher Tätigkeiten auf Zeitarbeitnehmer erfolgt.

Vor diesem Hintergrund erscheint es sinnvoll, die Rechtsprechung des BAG[84] in Bezug auf Quoten, die das Verhältnis bestimmter Arbeitnehmergruppen zur Gesamtbelegschaft regeln, auf Zeitarbeitsquoten, die das Verhältnis der Zeitarbeitnehmer zur Stammbelegschaft zum Inhalt haben, zu übertragen. Durch eine tarifvertragliche Zeitarbeitsquote wird im weitesten Sinne die Zusammensetzung des Mitarbeiterkreises geregelt. Solche Normen können und sollen grundsätzlich einheitlich für alle im Betrieb weisungsabhängig eingesetzten Personen gelten, da insofern nicht das individuelle Rechtsverhältnis zwischen Arbeitgeber und einem Arbeitnehmer geregelt wird, sondern die gesamte Belegschaft betrof-

82 BAG, Beschluss vom 10.2.1977 – 2 ABR 80/76, BAGE 29, 7, 10ff.

83 BAG, Urteil vom 18.10.2011 – 1 AZR 335/10, NZA 2012, 221 ff.

84 BAG, Beschluss vom 17.6.1997 – 1 ABR 3/97, BAGE 86, 126, 131; BAG, Urteil vom 17.6.1999 – 2 AZR 456/98, BAGE 92, 79, 84.

fen ist. Der Einordung einer tarifvertraglichen Zeitarbeitsquote als Betriebsnorm stehen daher keine rechtlichen Bedenken entgegen.[85]

2. Standortgarantien und Zeitarbeitsquoten als schuldrechtliche Verpflichtungen der Tarifvertragsparteien?

a) Allgemeines

Schuldrechtliche Vorschriften des Tarifvertrages begründen ausschließlich Rechte und Pflichten zwischen den Tarifvertragsparteien und entfalten keine Rechtsnormqualität nach § 4 Abs. 1 TVG.[86] Schuldrechtliche Vereinbarungen binden beim Haustarifvertrag die Gewerkschaft und den Arbeitgeber als Tarifvertragsparteien. Beim Verbandstarifvertrag werden die Gewerkschaft und der Arbeitgeberverband durch die jeweilige Vereinbarung schuldrechtlich verpflichtet. Dem Tarifvertrag immanent sind die Friedens- und die Durchführungspflicht[87] als sog. normbezogene Pflichten[88]. Diese müssen demnach nicht gesondert vereinbart werden. Darüber hinaus können die Tarifvertragsparteien weitere schuldrechtliche Vereinbarungen treffen.

b) Tarifnormersetzende Koalitionsvereinbarungen

Es steht den Tarifvertragsparteien offen, Gegenstände, die an sich normativ regelbar sind, lediglich schuldrechtlich zu vereinbaren. Diese tarifnormersetzenden Verträge sind Tarifverträge im Sinne des TVG und in gleicher Weise grundrechtsgebunden.[89] Eine tarifliche Begrenzung der Zeitarbeit im Entleiherbetrieb in Form einer Quote könnte trotz ihrer Einordnung als Betriebsnorm also auch schuldrechtlich zwischen den Tarifvertragsparteien vereinbart werden, wenn dies dem Willen der Tarifvertragsparteien entspricht. Für diese Untersuchung ist jedoch lediglich die Einordung einer Zeitarbeitsquote als Betriebsnorm relevant.

c) Koalitionsvereinbarungen außerhalb von Art. 9 Abs. 3 GG

Bewegen sich Regelungsmaterien außerhalb der Arbeits- und Wirtschaftsbedingungen des Art. 9 Abs. 3 GG, handelt es sich bei schuldrechtlichen Vereinbarun-

---

85 So auch im Ergebnis: Thüsing/Braun-*Thüsing,* Tarifrecht, 347 ff.

86 Erfurter Kommentar-*Franzen,* TVG, § 4 Rn. 1.

87 *Preis,* Kollektivarbeitsrecht, 118.

88 Jacobs/Oetker/Krause-*Krause,* Tarifvertragsrecht, § 4 Rn. 124 ff; Wiedemann-*Thüsing,* TVG, § 1 Rn. 945 ff.

89 *Löwisch/Rieble,* TVG, § 1 Rn. 1169 ff.

gen hierüber nicht um Tarifverträge, sondern um Schuldverträge.[90] Koalitionsvereinbarungen außerhalb von Art. 9 Abs. 3 GG sind für diese Untersuchung jedoch nicht von Bedeutung, sodass hierauf nicht näher einzugehen ist.

d) Tarifnormüberschreitende Koalitionsvereinbarungen

In Bezug auf Standortgarantien stellt sich die Frage, ob solche Zusagen des Arbeitgebers im schuldrechtlichen Teil eines Tarifvertrages geregelt werden können, obwohl sie einer normativen Regelung nicht zugänglich sind. Es handelt sich hierbei um sog. tarifnormüberschreitende Koalitionsvereinbarungen.[91] Streitig ist vor diesem Hintergrund, ob die Regelungsinhalte des normativen und des schuldrechtlichen Teils des Tarifvertrages zwingend deckungsgleich sein müssen.

In der Literatur wird zum Teil vertreten, dass die normative Regelungsbefugnis eine Sperrwirkung hinsichtlich des schuldrechtlichen Teils entfaltet. Insofern bestünden für schuldrechtliche Vereinbarungen keine weitergehenden Regelungsmöglichkeiten als für normative Vereinbarungen.[92] Insbesondere in Bezug auf die Regelung des Unternehmerverhaltens wird argumentiert, dass es keinen Bereich unternehmerischen Verhaltens gebe, dessen Regelung nach Art. 9 Abs. 3 GG garantiert sei, aber nicht gemäß dem TVG normativ geregelt werden könne. Die Berufung auf die allgemeine Vertragsfreiheit löse die Tarifvertragsparteien aus dem Kontext der tarifautonomen Selbstbestimmung. Diese Überprivilegierung greife nicht nur in die unternehmerische Freiheit ein, sondern übertrage die unternehmerische Verantwortung auf die Gewerkschaft.[93]

Die h. M. lehnt eine Kongruenz zwischen normativem und schuldrechtlichem Teil des Tarifvertrages ab. Diese Ansicht wird sowohl auf den Wortlaut des § 1 TVG als auch auf die Entstehungsgeschichte des TVG gestützt.[94] Eine Beschränkung auf bestimmte Sachmaterien durch die Formulierung „Rechte und Pflichten der Tarifvertragsparteien“ sei nicht gewollt.[95]

---

90 *Löwisch/Rieble,* TVG, Grundl. Rn. 59.

91 *Franzen,* in: ZAAR-Schriftenreihe Bd. 27, „Ausweitung der Tarifmacht – Zugriff auf Unternehmensautonomie und Marktverhalten“, S. 128.

92 Hueck/Nipperdey-*Nipperdey,* Lehrbuch des Arbeitsrechts II/1, 168, 330, 337, 402, 508; *Mayer-Maly,* BB 1966, 1067, 1069; *Säcker,* RdA 1969, 291, 294.

93 *Giesen,* in: ZAAR-Schriftenreihe Bd. 27, „Ausweitung der Tarifmacht – Zugriff auf Unternehmensautonomie und Marktverhalten“, S. 65 ff.

94 *Fischinger,* Arbeitskämpfe bei Standortschließung und -verlagerung, 40 ff.; *Löwisch/Rieble,* TVG, § 1 Rn. 1116 ff.; Däubler-*Reim,* TVG, § 1 Rn. 969; *Seiter,* Streikrecht und Aussperrungsrecht, 490 ff.; Kempen/Zachert-*Zachert,* TVG, § 1 Rn. 731; *Zöllner,* Tarifvertragliche Differenzierungsklauseln, 40 ff.

95 *Herschel,* ZfA 1973, 183, 186 f.

Das BAG hat in seiner Entscheidung vom 29.11.1967 diese Frage näher erörtert, letztendlich aber offen gelassen. In dieser Entscheidung standen sog. Differenzierungsklauseln zur rechtlichen Beurteilung an, welche schlussendlich nach Ansicht des BAG weder im normativen noch im schuldrechtlichen Teil eines Tarifvertrages regelbar seien.[96]

Lehnt man mit der h. M. eine Kongruenz zwischen normativem und schuldrechtlichen Teil ab[97], verbleibt mangels normativer Regelungsbefugnis die Möglichkeit, eine Standortzusage schuldrechtlich zu vereinbaren. Da sich eine Standortzusage noch im Rahmen der Arbeits- und Wirtschaftsbedingungen bewegt[98], sind der Vertragsfreiheit der Tarifvertragsparteien durch das TVG keine weitergehenden Grenzen gesetzt. Zutreffend ist demnach eine Verpflichtung zur Standortsicherung als Bestandteil des schuldrechtlichen Teils des Tarifvertrages möglich. So erkennen auch *Hanau/Thüsing* eine tarifvertragliche Standortzusage als zulässige schuldrechtliche Verpflichtung an. Hierdurch werde nicht das betriebliche Rechtsverhältnis selbst gestaltet. Insofern bleibe also nur die Möglichkeit, diese schuldrechtlich zu vereinbaren.[99]
Inwiefern eine solche schuldrechtlich vereinbarte Standortsicherung mit höherrangigem Recht, wie der Unternehmerfreiheit, vereinbar ist, wird unter Teil 2 untersucht werden.

e) Exkurs: Schuldrechtliche Vereinbarungen in Verbandstarifverträgen

Auch im Rahmen von Verhandlungen über Ergänzungstarifverträge, die auf verbandstariflicher Ebene geführt werden, wird teilweise die Forderung nach Standortzusagen als Kompensation für vorübergehende Abweichungen von flächentariflichen Standards erhoben. Vor diesem Hintergrund stellt sich die Frage, ob der tarifschließende Arbeitgeberverband den einzelnen Arbeitgeber rechtlich überhaupt zu einer Standortgarantie verpflichten kann.

Der Arbeitgeberverband wird den Unternehmer nicht im Wege einer schuldrechtlichen Verpflichtung zum Erhalt des bisherigen Standortes anhalten können. Unabhängig von der Frage, ob einer solchen Vereinbarung die unternehmerische Entscheidungsbefugnis des Arbeitgebers entgegensteht, ist eine derartige Zusage

96 BAG, Großer Senat, Beschluss vom 29.11.1967 – GS 1/67, BAGE 20, 175, 192 ff.

97 *Fischinger*, Arbeitskämpfe bei Standortschließung und -verlagerung, 40 ff.; *Löwisch/Rieble*, TVG, § 1 Rn. 1116 ff.; Däubler-*Reim*, TVG, § 1 Rn. 969; *Seiter*, Streikrecht und Aussperrungsrecht, 490 ff.; Kempen/Zachert-*Zachert*, TVG, § 1 Rn. 731; *Zöllner*, Tarifvertragliche Differenzierungsklauseln, 40 ff.

98 Siehe: Teil 1, B II 3 b), aa) S. 25 ff.

99 *Hanau/Thüsing*, in: Tarifautonomie im Wandel Bd. 1, S. 7, 32; auch: *Kühling/Bertelsmann*, NZA 2005, 1017, 1019.

durch den Arbeitgeberverband im Hinblick auf seine Mitglieder als Vertrag zulasten Dritter zu werten und als unzulässig anzusehen.[100] Niemand darf ohne sein Zutun zum Schuldner werden.[101] Der Verbandsbeitritt kann eine solche Verpflichtung nicht legitimieren, da dies schon mit den Regelungen des BGB zur Stellvertretung nicht zu vereinbaren wäre.[102] Darüber hinaus können sich, wie aus § 1 Abs. 1 TVG abzulesen ist, durch schuldrechtliche Vereinbarungen nur die Tarifvertragsparteien verpflichten. Der Arbeitgeberverband könnte somit nur sich selbst schuldrechtlich binden, nicht hingegen seine Mitglieder.[103] Insofern stellt der schuldrechtliche Teil des Tarifvertrages schon kein mögliches Regelungsinstrument für Standortsicherungen in Verbandstarifverträgen dar. Ob sich für firmenbezogene Verbandstarifverträge eine abweichende Beurteilung ergibt, soll im Rahmen dieser Arbeit nicht näher untersucht werden.

III. Zwischenergebnis

Zusammenfassend lässt sich festhalten, dass der Gesetzgeber durch das TVG den Koalitionen ein System an die Hand gegeben hat, die Arbeitsbedingungen ihrer Mitglieder zu gestalten. Er hat dabei u. a. die Regelungsmacht der Tarifvertragsparteien auf die in § 1 Abs. 1 TVG genannten Arbeitsbedingungen beschränkt. Die Inhalte des normativen und des schuldrechtlichen Teils müssen jedoch nicht deckungsgleich sein. Darüber hinaus hat der Gesetzgeber durch § 2 Abs. 1 TVG auch den einzelnen Arbeitgeber dazu ermächtigt, Tarifverträge abzuschließen.

Daher können in einem Haustarifvertrag Zusagen zur Erhaltung des Standortes grundsätzlich im Wege einer schuldrechtlichen Vereinbarung getroffen werden, wohingegen tarifvertragliche Regelungen zur Begrenzung der Zeitarbeit im Entleiherbetrieb in Form einer Quote grundsätzlich als Betriebsnormen mit normativer Wirkung ausgestaltet werden können. Inwiefern die Grundrechte Dritter solchen tariflichen Regelungen entgegenstehen, wird unter Teil 2 untersucht.

---

100 Vgl.: BAG, Urteil vom 14.12.1993 – 1 AZR 550/93, BAGE 75, 186, 192 f.; *Bayreuther,* Tarifautonomie als kollektiv ausgeübte Privatautonomie, 282; Jacobs/Krause/Oetker-*Krause,* Tarifvertragsrecht, § 4 Rn. 166; *Löwisch/Rieble,* TVG, § 1, Rn. 1122; Däubler-*Reim,* TVG, § 1 Rn. 1143; Wiedemann-*Thüsing,* TVG, § 1 Rn. 858.

101 *Gamillscheg,* Kollektives Arbeitsrecht I, 633 f.

102 *Fischinger,* Arbeitskämpfe bei Standortverlagerung und -schließung, 92; *Gamillscheg,* Kollektives Arbeitsrecht I, 625, 633.

103 Vgl: *Bayreuther,* Tarifautonomie als kollektiv ausgeübte Privatautonomie, 282 f.

D. Bindung der Tarifvertragsparteien an die Grundrechte

Herausgearbeitet wurde bisher, dass die Regelungsmacht der Tarifvertragsparteien verfassungsrechtlich durch Art. 9 Abs. 3 GG gewährleistet und einfachgesetzlich durch § 1 Abs. 1 TVG ausgestaltet ist. Darüber hinaus setzen Art. 9 Abs. 3 GG und § 1 Abs. 1 TVG den Tarifvertragsparteien Grenzen in Bezug auf ihre Regelungsbefugnis. Diese Grenzen sind jedoch nicht abschließend.

Viel diskutiert wurde in den vergangenen Jahren, ob und in welcher Intensität die Tarifvertragsparteien beim Abschluss von Tarifverträgen die Grundrechte ihrer Mitglieder beachten müssen. Für diese Untersuchung ist insbesondere von Bedeutung inwiefern die Tarifvertragsparteien die Berufsfreiheit aus Art. 12 Abs. 1 GG, die Eigentumsgarantie aus Art. 14 GG und subsidiär die allgemeine Handlungsfreiheit aus Art. 2 Abs. 1 GG ihrer Mitglieder zu wahren haben, da diese Grundrechte vom Bundesverfassungsgericht zur Begründung des verfassungsrechtlichen Schutzes der Unternehmerfreiheit herangezogen werden.[104]

Ausgangspunkt der Diskussion über die Grundrechtsbindung von Tarifverträgen waren in der Regel Verbandstarifverträge. Nicht im Mittelpunkt hingegen stand die Grundrechtsbindung von Haustarifverträgen. Diese soll daher nachfolgend untersucht werden. Möglicherweise könnte sich aus der Tatsache, dass der Arbeitgeber beim Haustarifvertrag selbst Tarifvertragspartei ist, die Erkenntnis ergeben, dass er beim Tarifvertragsschluss als Grundrechtsträger seine „eigenen“ Grundrechte nicht in gleichem Maß zu beachten hat, wie der Arbeitgeberverband die Grundrechte seiner Mitglieder. Die beim Haustarifvertrag fehlende Fremdbestimmung durch den Arbeitgeberverband könnte eine von den allgemeinen Grundsätzen abweichende Beurteilung ergeben.

Nachfolgend soll zunächst ein Überblick über den Diskussionsstand der Grundrechtsbindung von Tarifverträgen im Allgemeinen gegeben werden, wobei nicht näher auf die Besonderheiten in Bezug auf die Art. 12 Abs. 1 GG, Art. 14 GG und Art. 2 Abs. 1 GG eingegangen werden soll. Inwieweit diese Grundrechte in Gestalt der Unternehmerfreiheit die tarifliche Regelungsmacht beschränken, wird unter Teil 2 erarbeitet. Im Anschluss an diese Grundsätze zur Grundrechtsbindung soll untersucht werden, ob in Bezug auf Haustarifverträge Besonderheiten festzustellen sind.

104 BVerfG, Urteil vom 1.3.1979 – 1 BvR 532/77, 1 BvR 533/77, 1 BvR 419/78, 1 BvL 21/78, BVerfGE 50, 290, 339 ff.

I. Überblick über den Diskussionsstand

1. Unmittelbare Grundrechtsbindung

Das BAG vertrat lange die Ansicht, dass die Tarifvertragsparteien unmittelbar an die Grundrechte gebunden sind.[105] Begründet wurde dies zum einen durch die den Tarifverträgen aufgrund der §§ 1 Abs. 1, 4 Abs. 1 TVG zugewiesenen normativen Wirkung. In Folge dessen seien die Tarifnormen „Gesetzgebung" i. S. v. Art. 1 Abs. 3 GG und damit in gleichem Maße an die Grundrechte gebunden wie der staatliche Gesetzgeber. Zum anderen sei die Befugnis zur Normsetzung den Tarifvertragsparteien durch die §§ 1, 4 TVG verliehen worden. Der Staat habe nämlich seine Rechtsetzungsmacht an die Tarifvertragsparteien delegiert. Somit könne deren Rechtsetzungskompetenz nicht weiter reichen als die des Staates.[106]

Das BVerfG hingegen hat zum einen offen gelassen, inwieweit die Tarifparteien an die Grundrechte gebunden sind[107], zum anderen, ob eine solche Bindung überhaupt besteht[108].

Auch im Schrifttum wird zum Teil eine unmittelbare Grundrechtsbindung der Tarifvertragsparteien vertreten.[109] Obwohl dort einige Vertreter eine privatautonome Normsetzungsbefugnis der Tarifvertragsparteien annehmen, plädieren diese dennoch für eine unmittelbare Grundrechtsbindung. Die Begründungsansätze divergieren jedoch. So sieht *Löwisch* in § 1 Abs. 1 TVG eine gesetzliche Anordnung der Grundrechtsbindung.[110] Andere erklären die unmittelbare Grundrechtsbindung mit der Eingliederung der Tarifnormen in die Normhierarchie[111] oder mit der sozialen Macht der Verbände gegenüber ihren Mitgliedern[112].

105 Grundlegend: BAG, Urteil vom 15.1.1955 – 1 AZR 305/54, BAGE 1, 258, 262 ff.; Überblick über die BAG-Rechtsprechung bei: *Boemke,* in: FS 50 Jahre BAG, 2004, S. 630, 617 f.

106 Z. B.: BAG, Urteil vom 15.1.1955 – 1 AZR 305/54, BAGE 1, 258, 262 ff.

107 BVerfG, Beschluss vom 22.2.1994 – 1 BvL 21/85, 1 BvL 4/92 – BVerfGE 90, 46, 58.

108 BVerfG, Beschluss vom 30.5.1990 – 1 BvL 4/85, BVerfGE 82, 126, 154; BVerfG (2. Kammer des Ersten Senats), Beschluss vom 21.5.1999 – 1 BvR 726/98, NZA 1999, 878 f.; BVerfG (2. Kammer des Ersten Senats), Beschluss v. 5.11.2004 – 1 BvR 2459/04 – BVerfGK 4, 219 ff.

109 *Biedenkopf,* Grenzen der Tarifautonomie, 72 f.; *Gamillscheg,* Kollektives Arbeitsrecht I, 313 ff.

110 *Löwisch,* RdA 2000, 310, 314.

111 *Säcker/Oetker,* Grundlagen und Grenzen der Tarifautonomie, 243.

112 *Gamillscheg,* AcP 1964, Bd. 164, S. 385, 407; *Käppler,* NZA 1991, 745, 749; *Schwarze,* ZTR 1996, 1, 7.

2. Mittelbare Grundrechtsbindung

Nach der neueren Rechtsprechung des BAG und der h. M. in der Lehre sind die Tarifvertragsparteien bei Abschluss von Tarifverträgen nur mittelbar an die Grundrechte gebunden.[113]

Mit den Altersgrenzenbeschlüssen im Jahre 1998 hat der Umschwung in der Rechtsprechung des BAG begonnen. Der 7. Senat führte darin u. a. aus, dass der Tarifvertrag durch den privatautonomen Verbandsbeitritt der Mitglieder, mit welchem sie ihr Grundrecht aus Art. 9 Abs. 3 GG wahrnähmen, legitimiert sei. Damit seien die Tarifgebundenen der Gestaltungsmacht der Tarifparteien nicht schutzlos ausgeliefert. Staatliche Grundrechtsadressaten einschließlich der Gerichte seien vielmehr aufgrund der Schutzgebotsfunktion der Grundrechte verpflichtet, einzelne Grundrechtsträger vor einer unverhältnismäßigen Beeinträchtigung ihrer Grundrechte im Sinne eines Minderheitenschutzes zu bewahren.[114]

Damit lehnte sich nun auch das BAG an die Lehre von der „kollektiven Privatautonomie" an und verneinte eine unmittelbare Bindung der Tarifverträge an die Grundrechte, im konkreten Fall an Art. 12 GG. Auch andere Senate des BAG kehrten in der Folge teilweise von der unmittelbaren Grundrechtsbindung der Tarifvertragsparteien ab, jedoch mit divergierenden Begründungsansätzen.[115]

Ansatzpunkt für die Begründung einer mittelbaren Grundrechtsbindung war die schon von Canaris[116] und dem BVerfG[117] vertretene Schutzgebotslehre. Diese unterzieht Individualverträge einer Inhaltskontrolle, um ein Mindestmaß an Grundrechtsschutz zu gewährleisten, wenn eine typisierende Ungleichgewichtslage vorliegt und durch diese eine Partei unzumutbar belastet wird. Eine solche Ungleichgewichtslage sei zwar grundsätzlich zwischen den Tarifvertragsparteien nicht gegeben, da die Tarifautonomie ja gerade bezwecke, das Ungleichgewicht zwischen den Arbeitsvertragsparteien auszugleichen. Somit sei grundsätzlich von der Gleichgewichtigkeit der Tarifvertragsparteien auszugehen. Soweit es

113 BAG, Urteil vom 25.2.1998 – 7 AZR 641/96, BAGE 88, 118–124; BAG, Urteil vom 11.3.1998 – 7 AZR 700/96, BAGE 88, 162–170; *Canaris,* AcP 1984, Bd. 184, S. 201, 243 ff.; *Dieterich,* in: FS Schaub, 1998, S. 117 ff.; Maunz/Dürig-*Herdegen,* GG, Art. 1 Rn. 100; Maunz/Dürig-*Scholz,* GG, Art. 9 Rn. 301, 357.

114 BAG, Urteil vom 25.2.1998 – 7 AZR 641/96, BAGE 88, 118–124; BAG, Urteil vom 11.3.1998 – 7 AZR 700/96, BAGE 88, 162–170; BAG, Urteil vom 31.7.2002 – 7 AZR 140/01, BAGE 102, 65–73; BAG, Urteil vom 27.11.2002 – 7 AZR 414/01, NZA 2003, 812–813; BAG, Urteil vom 27.11.2002 – 7 AZR 655/01, NZA 2003, 1056; BAG, Urteil vom 21.7.2004 – 7 AZR 589/03, NZA 2004, 1352.

115 Übersicht bei: Däubler-*Schiek,* TVG, Einleitung Rn. 177 ff.; *Burkiczak,* RdA 2007, 17 ff.

116 *Canaris,* AcP 1984, Bd. 184, S. 228, 232 ff.

117 BVerfG, Beschluss vom 7.2.1990 – 1 BvR 26/84, BVerfGE 81, 242, 254 f.; BVerfG, Beschluss vom 19.10.1993 – 1 BvR 567/89, 1 BvR 1044/89, BVerfGE 89, 214, 229 f.

hier dennoch zu Legitimationsdefiziten des Tarifvertrages durch typisierbare Ungleichgewichte zwischen den Tarifparteien und den Mitgliedern komme, sei eine Grundrechtskontrolle des Tarifvertrages geboten.[118]

Die Begründung der mittelbaren Grundrechtsbindung über die Schutzpflichtlehre hat die daneben vertretene Lehre über die Drittwirkung der Grundrechte, die davon ausgeht, dass die Grundrechte über den Wortlaut des Art. 1 Abs. 3 GG hinaus auch Privatrechtsbeziehungen gestalten[119], weitgehend verdrängt.

3. Besonderheiten der Grundrechtsbindung beim schuldrechtlichen Teil?

Die Diskussion über die Grundrechtsbindung von Tarifverträgen hat sich vorwiegend an den normativen Vorschriften des Tarifvertrages festgemacht, da diese in der Regel auch die umstrittensten Regelungen enthalten. Dennoch darf nicht übersehen werden, dass auch im schuldrechtlichen Teil eines Tarifvertrages Vereinbarungen getroffen werden, die gegenüber den Mitgliedern mit Verbandsgewalt durchgesetzt werden können. [120]

Eine unmittelbare Grundrechtsbindung des schuldrechtlichen Teils wird wohl nicht vertreten, sondern teilweise eine über die zivilrechtlichen Generalklauseln wirkende mittelbare Grundrechtsbindung.[121]

Für *Löwisch/Rieble* stellt sich trotz der an sich nur mittelbaren Grundrechtsbindung der Tarifvertragsparteien das Ergebnis nicht anders dar als bei der tariflichen Normsetzung. Die Grundrechte gelten im schuldrechtlichen Teil zwar nur mittelbar über die zivilrechtlichen Generalklauseln. Da die Mitglieder aber aufgrund der Durchführungspflicht und wegen des koalitionsrechtlichen Unterlassungsanspruchs den schuldrechtlichen Bestimmungen des Tarifvertrages in gleicher Weise ausgeliefert seien wie den Tarifnormen, müssten sie vor Beeinträchtigung ihrer Grundrechte auch in gleicher Weise geschützt werden; Durchführungspflicht und Unterlassungsanspruch fänden hier ihre Grenze.[122]

Daraus resultiert, dass sich die Grundrechtsbindung des schuldrechtlichen Teils des Tarifvertrages nicht von derjenigen des normativen Teils unterscheiden kann. Wie *Löwisch/Rieble* zu Recht ausführen, sind die Tarifgebundenen auch

---

118 BVerfG, Beschluss vom 7.2.1990 – 1 BvR 26/84, BVerfGE 81, 242, 254 f.; *Canaris,* AcP 1984, Bd. 184, S. 228, 232 ff.; so auch: *Dieterich,* in: FS Schaub, 1998, S. 118, 121 f.

119 *Gamillscheg,* AcP 1964, Bd. 164, S. 386, 419 ff.; Grundlage hierfür: BVerfG, Urteil vom 15.1.1958 – 1 BvR 400/51, BVerfGE 7, 198, 205.

120 Erfurter Kommentar-*Franzen,* TVG, § 1 Rn. 86 ff.

121 *Säcker/Oetker,* Grundlagen und Grenzen der Tarifautonomie, 249; ebenso: *Biedenkopf,* Grenzen der Tarifautonomie, 74; *Konertz,* Tarifrechtliche Regelungsmöglichkeiten der Rationalisierung, 128 ff.; *Weyand,* Die tarifvertragliche Mitbestimmung unternehmerischer Personal- und Sachentscheidungen, 113 f.

122 *Löwisch/Rieble,* TVG, § 1 Rn. 589.

durch den schuldrechtlichen Teil an diese Vereinbarungen aufgrund der Durchführungspflicht und des Unterlassungsanspruches gebunden.[123] Daher erscheint es sinnvoll, auch bezüglich der schuldrechtlichen Verpflichtungen einen Grundrechtsschutz anzunehmen, welcher genauso effektiv ist wie der bezüglich des normativen Teils. Insofern müssen schuldrechtliche Vereinbarungen eines Tarifvertrages die Grundrechte ihrer Mitglieder ebenso mittelbar wahren wie der normative Teil des Tarifvertrages.[124]

4. Maßstab der Grundrechtsbindung

Zu klären ist darüber hinaus, welchen Prüfungsmaßstab die Annahme einer mittelbaren Grundrechtsbindung, die für die gesamte Untersuchung zugrunde zu legen ist, nach sich zieht.

So wird von Teilen der Literatur vertreten, dass aus der mittelbaren Grundrechtsbindung eine geringere Kontrollintensität abzuleiten sei als aus der unmittelbaren Grundrechtsbindung.[125] Die privatrechtliche Legitimation spreche für annähernd ausgeglichenes Handeln. Die Kompetenzen der Tarifvertragsparteien seien inhaltlich weiter als die hoheitlichen Kompetenzen.[126] Es sei demnach nur ein Mindestschutz im Sinne eines Untermaßverbots gewährleistet.[127] Insofern wird aber zwischen Freiheits- und Gleichheitsrechten unterschieden. *Dieterich* spricht sich in Bezug auf die Freiheitsrechte für eine solche geringere Kontrollintensität aus, wohingegen er diese hinsichtlich der Gleichheitsrechte ablehnt.[128]

Andere wiederum sehen keine Veranlassung aufgrund einer mittelbaren Grundrechtsbindung einen geringeren Kontrollmaßstab anzunehmen und halten die Tarifgebundenen im Hinblick auf die tarifliche Rechtsetzung für genauso schutzwürdig wie gegenüber staatlichen Regelungen.[129] U. a. wird zur Begründung ausgeführt, dass die Gewerkschaften und Arbeitgeberverbände die Repräsentation ihrer Interessen umfassend wahrnehmen und so zu bestimmenden Faktoren des Wirtschafts- und Soziallebens werden. Daher wirken die von ihnen geschaffenen Regelungen im Gegensatz zum Privatrecht auf Dritte als objektives Recht.[130]

---

123 *Löwisch/Rieble,* TVG, § 1 Rn. 987ff.

124 Vgl.: Wiedemann-*Thüsing,* TVG, § 1 Rn. 962.

125 *Bayreuther,* Tarifautonomie als kollektiv ausgeübte Privatautonomie, 243; *Dieterich,* RdA 1995, 129, 134; *Kühling,* AuR 1994, 126, 127f.

126 *Dieterich,* in: FS Schaub, 1998, S. 117, 128ff.

127 *Zachert,* AuR 2002, 330ff.

128 *Dieterich,* in: FS Schaub, 1998, S. 117ff.; *ders.*, in: FS Wiedemann, 2002, S. 229ff.

129 *Franzen,* in: ZAAR-Schriftenreihe Bd. 2, „Zukunft des Arbeitskampfes", S. 142, 148; *Schliemann,* ZTR 2000, 198, 202ff.; *Waltermann,* ZfA 2000, 53, 75f.

130 *Franzen,* in: ZAAR-Schriftenreihe Bd. 2, „Zukunft des Arbeitskampfrechts", S. 142, 148.

Eine Untersuchung der Rechtsprechung des BAG in Bezug auf die Vereinbarkeit tarifvertraglicher Vorschriften mit den Grundrechten der Tarifgebundenen ergibt, dass zumindest in Bezug auf Art. 3 Abs. 1 GG kein anderer Prüfungsmaßstab als im Falle einer unmittelbaren Grundrechtsbindung heranzuziehen ist.[131] Bei der Prüfung einer Vereinbarkeit mit Art. 12 Abs. 1 GG hat das BAG in seinen Entscheidungen zur tariflichen Altersgrenze offen gelassen, „wie der aus der grundrechtlichen Schutzpflicht folgende Mindestschutz in Bezug auf die Beendigung von Arbeitsverhältnissen zu bestimmen und das Spannungsverhältnis der jeweiligen Grundrechte und Grundrechtsträger zu lösen ist". Durch die arbeitsgerichtliche Befristungskontrolle habe der Staat seiner aus Art. 12 Abs. 1 GG folgenden Schutzpflicht genügt.[132]

Letztgenannter Literaturansicht ist jedenfalls nicht zu folgen. Mit dem Beitritt zum Verband ist eine Legitimation tariflicher Regelungen verbunden. Die Mitglieder unterwerfen sich freiwillig unter bestehendes und künftiges Tarifrecht. Eine „solche privatautonome Legitimation reicht grundsätzlich weiter als die Legitimation des staatlichen Gesetzgebers, weil Grundrechtsträger ihre Freiheit selbst weitergehend beschränken können, als sie staatliche Eingriffe hinnehmen müssten".[133] Darüber hinaus würde eine Verhältnismäßigkeitsprüfung wie bei staatlichen Eingriffen zu einer versteckten Tarifzensur führen.[134] Daher ist zumindest in Bezug auf die Grundrechte der Art. 12 Abs. 1 GG, Art. 14 GG und Art. 2 Abs. 1 GG von einem geringeren Kontrollmaßstab auszugehen als bei der Prüfung einer Grundrechtsverletzung durch gesetzliche Regelungen.

II. Besonderheiten der Grundrechtsbindung beim Haustarifvertrag – Abweichende Beurteilung aufgrund fehlender „Fremdbestimmung"?

1. Einführende Überlegungen

Zu prüfen ist nachfolgend, ob bei Haustarifverträgen hinsichtlich der Grundrechtsbindung Besonderheiten festzustellen sind. Im arbeitsrechtlichen Schrifttum ist diese Frage bisher nur am Rande erörtert worden. Von einigen Stimmen wird die These vertreten, dass der vertragsschließende Arbeitgeber beim Hausta-

131 BAG, Urteil vom 27.5.2004 – 6 AZR 129/03, BAGE 111, 8, 16.

132 Vgl.: BAG, Urteil vom 25.2.1998 – 7 AZR 641/96, BAGE 88, 118, 124; BAG, Urteil vom 11.3.1998 – 7 AZR 700/96, BAGE 88, 162, 169.

133 *Dieterich,* in: FS Schaub, 1998, S. 117, 121.

134 *Dieterich,* in: FS Schaub, 1998, S. 117, 123.

rifvertrag nicht grundrechtsgeschützt sei.[135] Das individuelle Einverständnis des Arbeitgebers beim Haustarifvertrag, welches beim Verbandstarifvertrag fehle, legitimiere auch tiefgreifende Berufsbeschränkungen.[136] Die Tatsache, dass der Arbeitgeber beim Haustarifvertrag als Tarifvertragspartei selbst den Vertragsinhalt festlegt, lässt eine „Fremdbestimmung“ durch den Arbeitgeberverband in der Tat entfallen. Möglicherweise könnte dies eine Grundrechtsbindung des Haustarifvertrages entbehrlich machen.

Sinn und Zweck der Schutzpflichtfunktion der Grundrechte ist es, dass der Staat korrigierend in das grundsätzlich bestehende Verhandlungsgleichgewicht der Tarifvertragsparteien eingreifen muss, wenn es zu einer unverhältnismäßigen Beeinträchtigung grundrechtlicher Positionen der Mitglieder kommt. [137] Zu einer solchen Ungleichgewichtslage kann es, wie bereits erwähnt, im Verhältnis zwischen den Koalitionen und ihren Mitgliedern kommen.[138] Zwar haben sich die Mitglieder freiwillig durch den Verbandsbeitritt der Geltung der Tarifnormen unterworfen und üben auch über die Verbandsgremien Einfluss auf die Tarifvertragsgestaltung aus. Allerdings können aber auf diesem Wege nicht alle Interessen berücksichtigt werden, sodass es in der Praxis in der Regel immer nur Mehrheitsentscheidungen geben wird. Darüber hinaus kann im Beitritt zum Verband nicht der generelle Verzicht auf jeglichen Grundrechtsschutz für die Zukunft gesehen werden.[139] Zum Zeitpunkt des Beitritts kann der Arbeitgeber nicht vorhersehen, welche tarifvertraglichen Rechte und Pflichten auf ihn zukommen werden. Auch aufgrund dessen ist es notwendig, den Arbeitgeber trotz privatautonomen Beitritts zum Arbeitgeberverband vor einer unverhältnismäßigen Beeinträchtigung seiner grundrechtlich geschützten Positionen durch tarifvertragliche Regelungen zu schützen.[140]

---

135 Vgl.: *Reuter,* ZfA 1978, 1, 41 f., der eine Bindung des Arbeitgebers an Art. 12 Abs. 1 GG ausschließt; *Weyand,* Die tarifvertragliche Mitbestimmung unternehmerischer Personal- und Sachentscheidungen, 114.

136 *Scholz,* ZfA 1981, 269, 299.

137 BAG, Urteil vom 25.2.1998 – 7 AZR 641/96, BAGE 88, 118, 123 f.; BAG, Urteil vom 11.3.1998 – 7 AZR 700/96, BAGE 88, 162, 169 f.; BAG, Urteil vom 31.7.2002 – 7 AZR 140/01, BAGE 102, 65, 69 f.; BAG, Urteil vom 27.11.2002 – 7 AZR 414/01, NZA 2003, 812 f.; BAG, Urteil vom 27.11.2002 – 7 AZR 655/01, NZA 2003, 1056; BAG 21.7.2004 – 7 AZR 589/03 – ZTR 2005, 255, 256.

138 Teil 1, D I 2, S. 43 f.

139 Vgl. dazu: *Christ,* Freiwillige Tarifverträge, 70 f.; *Müller,* Die Berufsfreiheit des Arbeitgebers, 113 f.; *Säcker/Oetker,* Grundlagen und Grenzen der Tarifautonomie, 247; Wiedemann-*Wiedemann,* TVG, Einl. Rn. 207 f.

140 Vgl.: BVerfG, Urteil vom 25.2.1975 – 1 BvF 1/74, 1 BvF 2/74, 1 BvF 3/74, 1 BvF 4/74, 1 BvF 5/74, 1 BvF 6/74, BVerfGE 39, 1, 42; BVerfG, Urteil vom 28.5.1993 – 2 BvF 2/90, 2 BvF 4/92, 2 BvF 5/92, BVerfGE 88, 203, 254; BAG, Urteil vom 25.2.1998 – 7 AZR 641/96, BAGE 88, 118,

Im Vergleich zum Verbandstarifvertrag handelt der Arbeitgeber beim Haustarifvertrag auf Grund seines freien und selbstbestimmten Willensentschlusses (lässt man den Streikdruck außer Acht). Er allein entscheidet über das „Ob“ und das „Wie“ des Vertragsschlusses und wirkt insofern unmittelbar am Vertragsinhalt mit. Eine Störung des Willensbildungsprozesses innerhalb der Koalition auf Arbeitgeberseite kann beim Haustarifvertrag mangels eines „Dreiecksverhältnisses“ nicht eintreten, da hier kein Arbeitgeberverband als Bindeglied dazwischen geschaltet ist. Im Zeitpunkt des Vertragsschlusses kennt der Arbeitgeber also die „Belastung“, in die er einwilligt. Er ist sich der Preisgabe seiner grundrechtlichen Positionen durch den Tarifabschluss bewusst und kann auch dessen zeitliche Geltung selbst bestimmen. Insofern unterwirft er sich nicht unter „ungewisses“ Tarifrecht.

Fraglich ist aufgrund dessen, ob der Arbeitgeber trotzdem vor einer unverhältnismäßigen Beeinträchtigung durch den Tarifabschluss geschützt werden muss.

2. Strukturelles Ungleichgewicht durch die Möglichkeit eines Arbeitskampfs?

Bei Haustarifvertragsverhandlungen steht der Arbeitgeber der Gewerkschaft in der Regel allein gegenüber, weil der Arbeitgeber entweder nicht in einem tarifschließenden Arbeitgeberverband organisiert ist oder er trotz Verbandszugehörigkeit einen eigenen Haustarifvertrag abschließen möchte. Auch ein verbandsgebundener Arbeitgeber kann einen betriebsbezogenen Tarifvertrag abschließen. Möchte er hierfür seinen Arbeitgeberverband in Anspruch nehmen, wird in der Praxis aber meist ein firmenbezogener Verbandstarifvertrag als Regelungsinstrument gewählt. Selten unterstützt ein Arbeitgeberverband den Unternehmer bei Abschluss eines Haustarifvertrages, sei es aus verbandspolitischen oder unternehmenspolitischen Gründen. Der firmenbezogene Verbandstarifvertrag ist jedoch nicht Gegenstand dieser Untersuchung, sodass auf diese Besonderheiten hier nicht einzugehen ist.

Vor diesem Hintergrund ist zu prüfen, ob die Gewerkschaft mitsamt ihren Mitgliedern bei Verhandlungen zu Haustarifverträgen ein solches „Übergewicht“ über den einzelnen Arbeitgeber erlangen kann, dass von einem strukturellen Ungleichgewicht der Tarifvertragsparteien auszugehen ist.

---

123 f.; BAG, Urteil vom 11.3.1998 – 7 AZR 700/96, BAGE 88, 162,169; *Canaris*, AcP 1984, Bd. 184, S. 201, 227.

Ein solches Ungleichgewicht droht v. a. unter dem Aspekt der jeweiligen Instrumente, mittels derer Einfluss auf die Erfüllung der tariflichen Forderungen genommen werden kann. Ein Kräfteungleichgewicht kann insbesondere entstehen, wenn die Gewerkschaft auf das Mittel des Arbeitskampfes zurückgreift, um ihre Forderungen durchzusetzen. Das BVerfG hat zwar in seiner Paritätsrechtsprechung angenommen, dass Arbeitskampfmaßnahmen der Herstellung einer Verhandlungsparität dienten und deren Rechtmäßigkeit an diesem Zweck zu messen seien. Allerdings führte das BVerfG auch aus, dass die Funktionsfähigkeit der Tarifautonomie dann beeinträchtigt sei, wenn Arbeitskämpfe zu einem Ungleichgewicht führten.[141]

Kommt es demnach durch den Einsatz eines Arbeitskampfmittels zu einem Ungleichgewicht, sodass der Tarifabschluss für den Arbeitgeber faktisch zu einer Fremdbestimmung wird, dann wird man ein regulierendes Eingreifen des Staates fordern müssen.[142] Da die Gefahr eines Arbeitskampfes, der ein Ungleichgewicht der Tarifvertragsparteien hervorrufen würde, aber außerhalb der Friedenspflicht immer besteht, ist es erforderlich, den Arbeitgeber vor einem drohenden Ungleichgewicht wirksam zu schützen.[143] Dies kann nur der Fall sein, wenn ihm von vornherein ein Grundrechtsschutz gewährt wird. Ansonsten könnte der Arbeitgeber wohl erst zum Zeitpunkt des Beginns eines Arbeitskampfes grundrechtlichen Schutz in Anspruch nehmen. Tatsächlich könnte allerdings alleine aufgrund des Bestrebens, einen Arbeitskampf zu vermeiden, bereits lange vor Beginn eines solchen ein strukturelles Ungleichgewicht entstanden sein.

Dieses drohende Ungleichgewicht wird auch nicht durch die dem Arbeitgeber seinerseits zur Verfügung stehenden Arbeitskampfmittel im Sinne eines Gleichgewichts beseitigt. Dem Arbeitgeber steht zwar u. a. das Mittel der Aussperrung in einem Arbeitskampf zu, mit welchem er sich gegenüber der Arbeitnehmerseite „zur Wehr setzen“ kann.[144] Es ist jedoch zweifelhaft, ob die Aussperrung durch einen einzelnen Arbeitgeber in einem durch eine Gewerkschaft geführten Arbeitskampf eine paritätsherstellende Wirksamkeit entfalten könnte. Anders als in einem in der Fläche geführten Arbeitskampf würde eine Aussperrung durch einen einzelnen Arbeitgeber eine Gewerkschaft kaum unter ernsthaften finanziellen Druck setzen. Auch wäre der Druck der Mitglieder auf die Gewerkschaft bei einer Aussperrung im Rahmen von Haustarifvertragsverhandlungen nicht vergleichbar wie bei in der Fläche durchgeführten Aussperrungen. Darüber hinaus wird der Arbeitgeber bei anderen Arbeitgebern kaum auf Solidarität dahingehend stoßen, dass diese sich einer Aussperrung anschließen. Hingegen

141 BVerfG, Beschluss vom 26.6.1991 – 1 BvR 779/85, BVerfGE 84, 212, 229.

142 *Müller,* Die Berufsfreiheit des Arbeitgebers, 116 f.

143 Vgl.: *Konertz,* Tarifrechtliche Regelungsmöglichkeiten der Rationalisierung, 105.

144 Erfurter Kommentar-*Dieterich,* GG, Art. 9 Rn. 221.

wird auf Arbeitnehmerseite ein Unterstützungsstreik in der Praxis auf Anklang stoßen und auch unter bestimmten Voraussetzungen zulässig sein.[145]

Insofern ergibt sich aufgrund der Möglichkeit des Arbeitskampfes auf Gewerkschaftsseite bei Haustarifverträgen ein strukturelles Übergewicht, welches die Begründung eines Grundrechtsschutzes auf Arbeitgeberseite nach sich zieht. Dieser muss für den einzelnen Arbeitgeber genauso effektiv sein wie für die einzelnen Mitglieder bei Abschluss eines Verbandstarifvertrages durch den Arbeitgeberverband.

3. Praktische Auswirkungen eines fehlenden Grundrechtsschutzes

Bereits aber auch die praktischen Auswirkungen einer fehlenden Grundrechtsbindung sprechen dafür, den Haustarifvertrag ebenso wie den Verbandstarifvertrag einer mittelbaren Grundrechtsbindung zu unterwerfen.

Entfiele beim Abschluss eines Haustarifvertrages die Bindung an die Grundrechte des Arbeitgebers, wären sämtliche Sachverhalte, die unter die Arbeits- und Wirtschaftsbedingungen des Art. 9 Abs. 3 GG subsumiert werden können, auch zugleich tariflich regelbar. Es entfielen damit die verfassungsimmanenten Schranken der Tarifautonomie, was zu einer Regelungsbefugnis der Tarifvertragsparteien führen würde, die sich somit im gesamten Bereich der Arbeits- und Wirtschaftsbedingungen des Art. 9 Abs. 3 GG bewegen würde. Den Tarifvertragsparteien wäre damit im Rahmen des TVG ein sehr weitreichendes Feld zur tarifvertraglichen Betätigung überlassen. Eine Beschränkung der Tarifautonomie durch die Grundrechte des Arbeitgebers, den verfassungsimmanenten Schranken, würde demnach von vornherein entfallen.

Abgesehen von der weitreichenden Regelungsmacht der Tarifvertragsparteien bestünde die weitaus größere Gefahr, dass die Arbeitnehmerseite ihre Ziele mittels Streik durchsetzen könnte. Voraussetzung eines Arbeitskampfes ist ein tariflich regelbares Ziel. Ein Arbeitskampfrecht zur Erreichung anderer Ziele wird nicht anerkannt.[146] Entfiele die Grundrechtsbindung beim Haustarifvertrag, wäre die Regelungsmacht der Tarifvertragsparteien nicht durch verfassungsimmanente Schranken begrenzt, sodass alles tariflich regelbar wäre, was unter den Schutzbereich des Art. 9 Abs. 3 GG fiele. Die Arbeitnehmerseite könnte zur Durchsetzung dieser tarifvertraglich regelbaren Ziele grundsätzlich auf das Mittel des Streiks zurückgreifen. Inwiefern letztendlich ein Gleichlauf zwischen tariflicher

---

145 BAG, Urteil vom 19.6.2007 – 1 AZR 396/06, BAGE 123, 134–152.

146 BAG (Großer Senat), Beschluss vom 21.4.1971 – GS 1/68, BAGE 23, 292, 306 ff.; BAG, Urteil vom 5.3.1985 – 1 AZR 468/83, BAGE 48, 160, 167 ff.; h. M.: *Gamillscheg*, Kollektives Arbeitsrecht I, 1071; *Kissel*, Arbeitskampfrecht, § 24 Rn. 2; *Otto*, Arbeitskampf- und Schlichtungsrecht, § 5 Rn. 5; a. A. *Däubler*, Arbeitskampfrecht, Rn. 90 ff.

Regelbarkeit und der Rechtmäßigkeit eines Arbeitskampfes bestehen muss, ist hier zunächst nicht von Relevanz. Dies wird an späterer Stelle zu klären sein.

4. Funktion des Haustarifvertrages

Zu überprüfen ist die Reichweite der Grundrechtsbindung auch unter dem Aspekt, welchen Zweck ein Haustarifvertrag verfolgt und welche Funktion er damit im Tarifvertragssystem einnimmt. Wäre dieser lediglich als Ersatz für einen Verbandstarifvertrag anzusehen[147], läge es nahe, die Reichweite der Grundrechtsbindung identisch zum Verbandstarifvertrag zu werten. Wäre hingegen keine zwingende Kongruenz festzustellen, könnte aufgrund der differierenden Funktion möglicherweise auch eine andere Betrachtungsweise gerechtfertigt sein.

a) Theorie von Löwisch/Rieble

Löwisch/Rieble argumentieren mit der Funktion des Haustarifvertrages dafür, dass dieser in derselben Weise an die Grundrechte gebunden sei wie der Verbandstarifvertrag. Sie sind der Auffassung, dass in einem Haustarifvertrag nichts anderes geregelt werden könne als in einem Verbandstarifvertrag. Der Haustarifvertrag fungiere nämlich als Ersatz für den Verbandstarifvertrag. Mit ihm solle lediglich der fehlende Arbeitgeberverband ersetzt werden, mit der Folge, dass für ihn dieselben Grundrechtsschranken gelten müssten. Der Arbeitgeber willige nämlich nicht nur beim Haustarifvertrag in die „Belastung“ ein, sondern auch beim Verbandstarifvertrag, und zwar durch seine Mitgliedschaft. Dieses Ergebnis sei im Hinblick auf das Arbeitskampfrecht erforderlich, da der Arbeitgeber ansonsten erstreikbaren Forderungen der Gewerkschaft ausgesetzt sei, die ihn unverhältnismäßig in seiner unternehmerischen Freiheit beeinträchtigen würden.[148]

Zur Unterstützung dieser Auffassung nehmen *Löwisch/Rieble*[149] auf das Urteil des BAG vom 14.7.1981 Bezug, in welchem der 1. Senat ausführt, dass der einzelne Arbeitgeber zwar keine Koalition sei, aber § 2 Abs. 1 TVG auch diesem die Fähigkeit zuerkenne, Tarifvertragspartei zu sein. Daher müsse der einzelne Arbeitgeber gegenüber dem Tarifgegner auch die gleichen Rechte haben wie eine entsprechende Arbeitgeberkoalition. Der verfassungsrechtlich geschützte Kernbereich der koalitionsmäßigen Betätigung einer Gewerkschaft gegenüber dem

---

147 *Löwisch/Rieble*, TVG, § 1 Rn. 719 ff.
148 *Löwisch/Rieble*, TVG, § 1 Rn. 719 ff.
149 *Löwisch/Rieble*, TVG, § 1 Rn. 719 ff.

einzelnen Arbeitgeber sei daher nicht anders zu bestimmen als gegenüber einer Vereinigung von Arbeitgebern.[150]

b) Stellungnahme

Löwisch/Rieble ist insofern zuzustimmen, als der Haustarifvertrag für die Gewerkschaft bei fehlender Verbandsmitgliedschaft des einzelnen Arbeitgebers ein geeignetes und auch das einzige Mittel darstellt, die Arbeitsbedingungen der Arbeitnehmer tariflich zu regeln und abzusichern. In der Praxis werden häufig sog. Anschluss- oder Anerkennungstarifverträge geschlossen, in denen das Tarifwerk der einschlägigen Branche von einem Arbeitgeber und der zuständigen Gewerkschaft inhaltlich übernommen wird. Oftmals wird im Haustarifvertrag unverändert oder zumindest weitgehend auf den jeweiligen Verbandstarifvertrag Bezug genommen und diesem damit zur Geltung verholfen. Eine weitere in der Praxis ebenfalls vorkommende Alternative von Haustarifverträgen liegt darin, dass Gewerkschaften mit Unternehmen eigene Haustarifverträge abschließen, in denen eigene Arbeitsbedingungen geregelt werden, ohne auf einen anderen Tarifvertrag Bezug zu nehmen. In diesen Fällen ist es in der Tat so, dass der Haustarifvertrag als Ersatz für den Verbandstarifvertrag fungiert.

Allerdings haben Haustarifverträge auch weitergehende Funktionen, als lediglich den fehlenden Arbeitgeberverband zu ersetzen. Beispielsweise kann es in Zeiten einer Wirtschaftskrise für einen verbandsgebundenen Arbeitgeber erforderlich sein, das tarifliche Entgeltniveau zeitweise abzusenken, um Kosten zu sparen. Als Ausgleich für die finanziellen Zugeständnisse der Arbeitnehmer wird häufig eine befristete Beschäftigungssicherung vereinbart. Solche Ergänzungstarifverträge werden zum einen als Haustarifverträge, zum anderen als firmenbezogene Verbandstarifverträge geschlossen. In letzterem Fall ist zwar nicht der Arbeitgeber selbst Tarifvertragspartei, aber der Verband fungiert in der Praxis als „Vertreter“ oder „Rechtsbeistand“ des Unternehmens, sodass sich in der Regel der Wille des Arbeitgebers im abgeschlossenen Tarifvertrag konkret niederschlägt. Es ist aber insoweit ein Unterschied festzumachen, als der Arbeitgeber diesen Tarifvertrag nicht selbst kündigen kann, sondern dazu auf den Verband angewiesen ist. Der Verband könnte grundsätzlich die Kündigung verweigern mit der Folge, dass der Arbeitgeber an den firmenbezogenen Verbandstarifvertrag weiter gebunden bliebe.

Zuletzt bieten Haustarifverträge die Möglichkeit, Materien zu regeln, die üblicherweise in Verbandstarifverträgen nicht zu finden sind, insbesondere weil sie

150 BAG, Urteil vom 14.7.1981 – 1 AZR 159/78, BAGE 36, 131, 137 f.

möglicherweise aus tarifpolitischen Gründen nicht in einem Verbandstarifvertrag geregelt werden sollen.

Der Theorie von *Löwisch/Rieble*[151] ist daher insoweit zuzustimmen, als in vielen Fällen der Haustarifvertrag als Ersatz für einen Verbandstarifvertrag gelten soll. Erschöpfend ist diese Funktion allerdings nicht. Der Haustarifvertrag eröffnet darüber hinaus vielfältige Möglichkeiten, auf betrieblicher Ebene Vereinbarungen zu treffen, die möglicherweise nicht im Wege eines Verbandstarifvertrages geregelt werden sollen. Ob daher allein mit dem Argument der Funktion des Haustarifvertrages dieselbe Grundrechtsbindung wie beim Verbandstarifvertrag begründet werden kann, erscheint fraglich.

Einleuchtend erscheint jedoch der Verweis auf das Urteil des BAG vom 14.7.1981. Das Gericht führt darin aus, dass aufgrund der Zuerkennung der Tariffähigkeit nach § 2 Abs. 1 TVG dem einzelnen Arbeitgeber die gleichen Rechte gegenüber dem Tarifgegner zustehen müssten wie einer Arbeitgeberkoalition. Der verfassungsrechtlich geschützte Kernbereich der koalitionsmäßigen Betätigung einer Gewerkschaft gegenüber dem einzelnen Arbeitgeber sei daher nicht anders zu bestimmen als gegenüber einer Vereinigung von Arbeitgebern.[152]

Zur Grundrechtsbindung der Tarifvertragsparteien, insbesondere beim Haustarifvertrag, hat sich das BAG hier zwar nicht explizit geäußert. Jedoch ist dem Urteil zu entnehmen, dass dem Arbeitgeber, wenn er selbst Tarifvertragspartei ist, dieselben Rechte zustehen sollen wie einem Arbeitgeberverband. Sinn und Zweck der Bindung der Tarifvertragsparteien an die Grundrechte ist der Schutz vor einer unverhältnismäßigen Beeinträchtigung durch Tarifrecht. Dieser Schutz muss daher folgerichtig auch dem einzelnen Arbeitgeber gewährt werden. Ob er im Einzelfall möglicherweise auf diesen Grundrechtsschutz verzichten kann, ist an anderer Stelle zu erarbeiten.

5. Argument: Dynamische Verweisung im Anschlusstarifvertrag

Löwisch/Rieble führen darüber hinaus die dynamische Verweisung im Anschlusstarifvertrag als besonderes Argument dafür an, dass für den Haustarifvertrag die gleichen Grundrechtsschranken wie für den Verbandstarifvertrag gelten sollen. Sinn und Zweck dessen sei, den Arbeitgeber, der nicht Mitglied im tarifschließenden Arbeitgeberverband ist, auf das flächentarifliche Niveau zu heben. Würde man hier vertreten, dass die Normen im Anschlusstarifvertrag

151 Siehe: Teil 1, D II 4 a), S. 51 f.

152 BAG, Urteil vom 14.7.1981 – 1 AZR 159/78, BAGE 36, 131, 137 f.

ohne Grundrechtsschutz gelten würden, ergebe sich ein nicht nachvollziehbares Ergebnis.[153]

Ein Anschluss – oder Anerkennungstarifvertrag verweist, meist dynamisch, auf einen anderen bereits bestehenden (Verbands-)Tarifvertrag. Der nicht tarifgebundene Arbeitgeber soll dadurch so behandelt werden, wie wenn er Mitglied in einem tarifschließenden Arbeitgeberverband wäre. Ein Anschlusstarifvertrag wird als Haustarifvertrag abgeschlossen, da der Arbeitgeber in der Regel gerade nicht in einem Arbeitgeberverband organisiert ist. Es werden aber auch solche Tarifverträge als Anschlusstarifverträge bezeichnet, in denen eine Gewerkschaft im Streit um die Tarifzuständigkeit mehrerer Gewerkschaften den Tarifvertrag einer konkurrierenden Gewerkschaft gegenüber einem Arbeitgeber anerkennt.[154]

Nähme man an, für den Haustarifvertrag bestünde kein Grundrechtsschutz, müsste auch der durch den Haustarifvertrag in Bezug genommene Verbandstarifvertrag ohne Grundrechtsschutz beim Arbeitgeber gelten. Der Verbandstarifvertrag, auf den verwiesen wird, wäre hingegen an die Grundrechte der Verbandsmitglieder gebunden. Dies sei nach Auffassung von *Löwisch/Rieble* nicht nachvollziehbar. Insofern müsse danach unterschieden werden, ob der Haustarifvertrag mit der Gewerkschaft „individuell ausgehandelt" worden sei oder nicht (vgl. § 305 b BGB).[155]

Dem ist zuzustimmen. Es wäre nicht sachgerecht, den Anschlusstarifvertrag ohne Grundrechtsschutz gelten zu lassen. Auch der Arbeitgeber, der den Verbandstarifvertrag in Bezug nimmt, muss insofern in vergleichbarer Weise wie beim Verbandstarifvertrag durch Grundrechte geschützt werden. Auch hier bestünde sonst die Gefahr, dass Sachverhalte tariflich regelbar würden, die ansonsten aufgrund der Grundrechtsschranken des Arbeitgebers nicht wirksam in einem Tarifvertrag vereinbart werden könnten. Dies hätte zur Folge, dass diese auch mittels Streik durchsetzbar wären. Darüber hinaus hat der Arbeitgeber, der einen Verbandstarifvertrag in Bezug nimmt, dessen Inhalte noch nicht einmal selbst verhandelt. Er kann also auf den Inhalt keinerlei Einfluss nehmen. Auch dies spricht für einen Grundrechtsschutz des Anschlusstarifvertrages in gleichem Maß wie für den Verbandstarifvertrag.

III. Zwischenergebnis

Die Grundsätze in Bezug auf die Grundrechtsbindung von Tarifverträgen sind auch auf Haustarifverträge zu übertragen. Die Schutzpflichtfunktion der Grund-

153 *Löwisch/Rieble*, TVG, § 1 Rn. 721.
154 BAG, Beschluss vom 28.3.2006 – 1 ABR 58/04, BAGE 117, 308, 329ff.
155 *Löwisch/Rieble*, TVG, § 1 Rn. 721.

rechte erfordert ein Eingreifen des Staates, wenn das Verhandlungsgleichgewicht der Tarifvertragsparteien gestört ist. Im Gegensatz zum Verbandstarifvertrag ist ein solches Ungleichgewicht beim Haustarifvertrag nicht im Verhältnis der Koalitionen zu ihren Mitgliedern zu finden, sondern auf der Ebene der Tarifvertragsparteien, wenn durch die Androhung oder den Einsatz von Arbeitskampfmitteln ein Übergewicht des einen Vertragspartners entsteht. Da die Gefahr eines solchen Arbeitskampfes immer potentiell gegeben ist und der einzelne Arbeitgeber einem Arbeitskampf der Gewerkschaft ohne Schutz des Arbeitgeberverbandes gegenübersteht, erscheint es geboten, dem einzelnen Arbeitgeber von vornherein denselben Grundrechtsschutz zu zugestehen, welchen er hätte, wenn der Arbeitgeberverband für ihn einen Verbandstarifvertrag schließt. Darüber hinaus sprechen sowohl die Auswirkungen, die von einem fehlenden Grundrechtsschutz ausgehen würden als auch das Argument der dynamischen Verweisung im Anschlusstarifvertrag für einen Grundrechtsschutz des Arbeitgebers beim Haustarifvertrag, der identisch ist mit dem bei Abschluss eines Verbandstarifvertrages.

Teil 2: Grund und Grenzen der Unternehmerfreiheit

A. Problemaufriss

Eine freie Gesellschaft ist ohne ein freies und konkurrenzfähiges Unternehmertum nicht denkbar.[156] Die Freiheit der unternehmerischen Betätigung ist daher wesentliche Voraussetzung einer funktionierenden Wirtschaft. Der Grundsatz eines freien Unternehmertums wird u. a. durch den Begriff „Unternehmerfreiheit" gekennzeichnet.

Ein eigenständiger allgemeingültiger Begriff der „Unternehmerfreiheit" existiert allerdings nicht. Es werden hierfür auch andere Ausdrücke, wie z. B. „Unternehmensautonomie"[157] oder das „Grundstatut der freien Unternehmerentscheidungen"[158] verwendet. Der Grundsatz einer freien Unternehmerentscheidung findet sich aber in verschiedenen Bereichen des Arbeitsrechts wieder.

So ist beispielsweise eine Kündigung nach § 1 Abs. 2 KSchG dann sozial gerechtfertigt, wenn sie auf dringenden betrieblichen Erfordernissen beruht, die einer Weiterbeschäftigung des Arbeitnehmers im Betrieb entgegenstehen. Beruht der Wegfall des Arbeitsplatzes auf einer Unternehmerentscheidung, so kann diese Unternehmerentscheidung nur auf Willkür und grobe Unsachlichkeit gerichtlich überprüft werden.[159] Auch im Bereich der betrieblichen Mitbestimmung schützt der Gesetzgeber den Unternehmer vor zu weitreichendem Einfluss des Betriebsrates auf unternehmerische Entscheidungen.[160]

Trotz unterschiedlicher Terminologie kann man eines herauslesen: Dem Unternehmer muss im Rahmen seiner Tätigkeit ein bestimmter Bereich frei von der Einwirkung Dritter, die nicht am Unternehmen beteiligt sind, belassen werden.

Dieser Grundsatz findet sich auch im Tarifrecht wieder. Die Ausübung der Tarifautonomie geht in der Regel mit Eingriffen in grundrechtlich geschützte Positionen der Tarifgebundenen, insbesondere der Unternehmerfreiheit der Arbeitgeber, einher. Die Auflösung des Konfliktes zwischen Tarifautonomie und Unternehmerfreiheit war in den vergangenen Jahren daher vielfach Gegenstand

---

156 *Dieterich,* AuR 2007, 65, 66.

157 *Beuthien,* ZfA 1988, 1 f.; *Wiedemann,* RdA 1986, 231 f.

158 *Lobinger,* in: ZAAR Schriftenreihe Bd. 2 „Zukunft des Arbeitskampfes", S. 55, 83.

159 Mit weiteren Nachweisen der Rechtsprechung: Erfurter Kommentar-*Oetker,* KSchG, § 1 Rn. 239 ff.

160 Siehe: Teil 1, B II 3 b), S. 24.

arbeitsrechtlicher Diskussionen. Ausgangspunkt der Erörterungen war die Frage, inwieweit die Tarifvertragsparteien beim Abschluss von Tarifverträgen die Unternehmerfreiheit der Arbeitgeber beschränken dürfen. Mit anderen Worten: Inwieweit begrenzt die Unternehmerfreiheit die tarifliche Regelungsmacht der Tarifvertragsparteien?

Zu der Frage, ob die Unternehmerfreiheit die Regelungsmacht der Tarifvertragsparteien bei Haustarifverträgen in gleichem Maße begrenzt wie bei Verbandstarifverträgen oder ob hier Besonderheiten festzustellen sind, wurde bisher weniger Stellung genommen und ist daher Gegenstand dieser Untersuchung.

Folgende Aspekte sind dabei von entscheidender Bedeutung:

Erstens ist zu untersuchen, inwieweit die Unternehmerfreiheit der Tarifautonomie generell Schranken setzt. Zu prüfen ist also, welcher Bereich der Unternehmerfreiheit vor Eingriffen durch die Tarifvertragsparteien geschützt werden muss. Die widerstreitenden Grundrechtspositionen sind dabei gegeneinander abzuwägen und die Kollision zwischen Unternehmerfreiheit und Tarifautonomie ist im Wege der praktischen Konkordanz aufzulösen.[161]

Zweitens fragt sich, ob und unter welchen Voraussetzungen der Arbeitgeber durch den Abschluss eines „belastenden" Haustarifvertrages möglicherweise auf seine grundrechtlich geschützte Unternehmerfreiheit verzichten bzw. in den Grundrechtseingriff einwilligen kann. Ein wirksamer Grundrechtsverzicht bzw. Einwilligung in den Grundrechtseingriff ließe eine Kollision zwischen Tarifautonomie und Unternehmerfreiheit entfallen und würde damit auch eine Auflösung im Wege der praktischen Konkordanz entbehrlich machen.[162] Vor dem Hintergrund der Wirksamkeit des Grundrechtsverzichts muss der Abschluss eines Haustarifvertrages vom Beitritt zum Arbeitgeberverband bzw. des Abschluss eines Verbandstarifvertrages abgegrenzt werden.

Um vorstehende Fragen klären zu können, ist zunächst auf die verfassungsrechtlichen Grundlagen der Unternehmerfreiheit einzugehen und herauszuarbeiten, in welchem Umfang diese die Unternehmerfreiheit gewährleisten.

B. Verfassungsrechtliche Grundlagen der Unternehmerfreiheit

Der vorrangige Begründungsansatz der Unternehmerfreiheit resultiert aus dem Verfassungsrecht.[163] Das BVerfG hat in seiner Entscheidung vom 1.3.1979 die Unternehmerfreiheit im Sinne freier Gründung und Führung von Unternehmen

161 Erfurter Kommentar-*Dieterich,* GG, Art. 9 Rn. 77.

162 *Hanau/Thüsing,* ZTR 2001, 1, 52; *Robbers,* JuS 1985, 925 ff.; *Stern,* Staatsrecht III/2, § 86 II 4.

163 Weitere Begründungsansätze siehe bei: *Walker,* ZfA 2004, 501, 508 f.

durch Art. 12 Abs. 1 GG, das Eigentum der Unternehmensträger durch Art. 14 GG und die Handlungsfreiheit auf wirtschaftlichem Gebiet durch Art. 2 Abs. 1 GG als geschützt angesehen.[164] Die Gewährleistung der Unternehmerfreiheit ergibt sich also aus der Zusammenschau der Schutzbereiche der Art. 12 Abs. 1 GG, Art. 14 GG und Art. 2 Abs. 1 GG.[165]

Die Auflösung des Konfliktes zwischen Tarifautonomie und Unternehmerfreiheit erfordert demnach die Abgrenzung der Schutzbereiche der jeweils kollidierenden Grundrechte. Der Schutzbereich der Tarifautonomie wurde bereits unter Teil 1 dargestellt.[166] Nachfolgend soll untersucht werden, welchen Schutzumfang die der Unternehmerfreiheit zugrunde liegenden Grundrechte gewähren.

I. Berufsfreiheit, Art. 12 Abs. 1 GG

Die Unternehmerfreiheit wird vom BVerfG als besondere Ausprägung der Berufsausübungsfreiheit hervorgehoben.[167] Die Berufsfreiheit gewährt das Recht zu unternehmerischer Betätigung im Rahmen von Klein-, Mittel- und Großbetrieben.[168]

1. Persönlicher Schutzbereich

Die Berufsfreiheit kann zum einen individuell von einer natürlichen Person wahrgenommen werden, zum anderen auch kollektiv von einer juristischen Person im Sinne des Art. 19 Abs. 3 GG, wenn sie einer Erwerbstätigkeit nachgeht, die ebenso von einer natürlichen Person ausgeübt werden könnte.[169] Grundrechtsträger sind grundsätzlich nur Deutsche i. S. v. Art. 116 GG.[170] Ausländer und Staa-

---

164 BVerfG, Urteil vom 1.3.1979 – 1 BvR 532/77, 1 BvR 533/77, 1 BvR 419/78, 1 BvL 21/78, BVerfGE 50, 290, 339ff.

165 BAG, Beschluss vom 21.6.1995 – 2 ABR 28/94, BAGE 80, 185, 191f.; BAG, Urteil vom 17.6.1999 – 2 AZR 522/98, BAGE 92, 61, 65f.; BAG, Urteil vom 26.9.2002 – 2 AZR 636/01, BAGE 103, 31, 35f.; *Gilberg*, NZA 2003, 817, 818; *Hergenröder*, ZfA 2002, 355, 356ff.; *Rost*, Jahrbuch des Arbeitsrechts Bd. 39, S. 83, 86.

166 Siehe: Teil 1, B I, II, S. 20ff.

167 BVerfG, Urteil vom 1.3.1979 – 1 BvR 532/77, 1 BvR 533/77, 1 BvL 21/78, BVerfGE 50, 290, 363.

168 v. Mangoldt/Klein/Starck-*Manssen*, GG, Art. 12 Abs. 1 Rn. 69.

169 BVerfG, Urteil vom 1.3.1979 – 1 BvR 532/77, 1 BvR 533/77, 1 BvR 419/78, 1 BvL 21/78, BVerfGE 50, 290, 363; BVerfG, Urteil vom 17.2.1998 – 1 BvF 1/91, BVerfGE 97, 228, 252.

170 Erfurter Kommentar-*Dieterich/Schmidt*, GG, Art. 12 Rn. 12.

tenlose müssen sich auf die allgemeine Handlungsfreiheit nach Art. 2 Abs. 1 GG berufen.[171]

Das BVerfG spricht häufig von Arbeitgebern und Arbeitnehmern als Grundrechtsträger. Hierbei geht es von speziellen arbeitsrechtlichen Begriffen aus.[172] Die arbeitsvertragliche Stellung kennzeichnet zwar keinen Beruf, sondern nur eine bestimmte Art der Berufsausübung. Sie ist aber Bestandteil der Berufsausübungsfreiheit im Sinne des Art. 12 Abs. 1 GG.[173] Ähnlich verhält es sich mit der Unternehmerstellung und dem Unternehmen. Diese Begriffe sind rechtsdogmatisch von dem des Arbeitgebers auseinanderzuhalten. Das Unternehmen ist eine rechtliche und wirtschaftliche Einheit, d. h. ein Unternehmensträger mit einer einheitlichen Unternehmensorganisation zur Verfolgung wirtschaftlicher oder ideeller Zwecke.[174] Der Unternehmer ist derjenige, der das Unternehmen betreibt.[175] Geht es um verfassungsrechtliche Fragen in Bezug auf das Arbeitsverhältnis, verwendet das BVerfG den Begriff des Arbeitgebers, bei vorrangig wirtschaftlichen Fragen hingegen benutzt es den Begriff des Unternehmers.[176] Für diese Untersuchung wird vorausgesetzt, dass der Arbeitgeber zugleich auch Unternehmer ist und umgekehrt. Insofern wird keine Unterscheidung der Begriffe vorgenommen und beide gleichermaßen verwendet.

2. Sachlicher Schutzbereich

Geschützt ist die Freiheit der Auswahl und der Ausübung von erwerbsbezogenen Tätigkeiten in allen denkbaren Formen als Teilhabe am Wettbewerb.[177] Die zur Begründung der Unternehmerfreiheit herangezogene Berufsausübungsfreiheit im Sinne des Art. 12 Abs. 1 GG ist weit zu interpretieren und umfasst alle realen Äußerungen, in denen sich ein gewählter Beruf niederschlägt.[178] So sind sowohl die abhängige als auch die selbständige Arbeit und mit letzterer auch die unternehmerische Tätigkeit geschützt.[179]

---

171 V. Mangoldt/Klein/Starck-*Manssen*, GG, Art. 12 Abs. 1 Rn. 266f.

172 *Müller*, Die Berufsfreiheit des Arbeitgebers, 15.

173 BVerfG, Beschluss vom 7.2.1990 – 1 BvR 26/84, BVerfGE 81, 242, 255.

174 BAG, Beschluss vom 7.8.1986 – 6 ABR 57/85, BAGE 52, 325, 329ff.; BAG, Urteil vom 5.3.1987 – 2 AZR 623/85, BAGE 55, 117, 127ff.; GK-*Kraft/Franzen*, BetrVG, § 1 Rn. 30; Fitting, BetrVG, § 1 Rn. 145.

175 *Müller*, Die Berufsfreiheit des Arbeitgebers, 16f.

176 *Müller*, Die Berufsfreiheit des Arbeitgebers, 16f.

177 Erfurter Kommentar-*Schmidt*, GG, Art. 12 Rn. 9.

178 v. Mangoldt/Klein/Starck-*Manssen*, GG, Art. 12 Abs. 1 Rn. 67.

179 Maunz/Dürig-*Scholz*, GG, Art. 12, Rn. 267.

Nach der Rechtsprechung des BVerfG ist mit der Unternehmerfreiheit das Recht der freien Gründung und Führung von Unternehmen gemeint.[180]

Im Einzelnen zählt hierzu die Organisationsfreiheit. Dem Unternehmer steht danach das Recht zu, autonom über die Rechtsform eines Unternehmens zu entscheiden. Darüber hinaus hat der Unternehmer die Freiheit, unternehmerische Planungs- und Grundsatzentscheidungen (Dispositionsfreiheit) und freie Entscheidungen über Kapitaleinsatz zu treffen (Investitionsfreiheit) oder zu entscheiden, was und wieviel produziert wird (Produktionsfreiheit). Auch die wirtschaftliche Verwertung einer erbrachten beruflichen Leistung fällt unter den Schutzbereich des Art. 12 Abs.1 GG.[181]

In Bezug auf die Entgelt- und Vergütungsfreiheit ist das BVerfG der Ansicht, dass die Freiheit, einen Beruf auszuüben, unmittelbar mit der Freiheit verbunden ist, dafür eine angemessene Vergütung zu fordern.[182] Die Entgelt- und Vergütungsfreiheit stellt also einen wichtigen Bestandteil der Berufsausübung dar und ist durch Art. 12 Abs. 1 GG geschützt.

Schwieriger zu beantworten ist die Frage, ob die Arbeitsvertragsfreiheit als Teilbereich des Art. 12 Abs. 1 GG anzusehen oder ob hierfür die allgemeine Handlungsfreiheit des Art. 2 Abs. 1 GG das einschlägige Grundrecht ist. Das BVerfG verfolgt in seinen Äußerungen hierzu keine klare Linie. So hat es in seiner Entscheidung vom 19.5.1992 die Freiheit eines ausbildenden Unternehmens zum Abschluss von Arbeitsverträgen der durch Art. 2 Abs. 1 GG geschützten Privatautonomie zugeordnet.[183] Den Gründen im Handelsvertreter-Urteil lässt sich hingegen entnehmen, dass eine gesetzliche Einschränkung der Zulässigkeit von Vertragsklauseln einen Eingriff in die Berufsausübung des Unternehmers darstellt.[184]

Richtigerweise ist die Arbeitsvertragsfreiheit als Teilbereich der Berufsfreiheit anzusehen. Schließen die Arbeitsvertragsparteien einen Arbeitsvertrag, dann ist dies Ausdruck einer beruflichen Betätigung. Der Arbeitsvertragsschluss ist

---

180 BVerfG, Urteil vom 1.3.1979 – 1 BvR 532/77, 1 BvR 533/77, 1 BvL 21/78, BVerfGE 50, 290, 363.

181 Übersicht mit weiteren Nachweisen: v. Mangoldt/Klein/Starck-*Manssen*, GG, Art. 12 Abs. 1 Rn. 69.

182 BVerfG, Beschluss vom 10.5.1972 – 1 BvR 286/65, 1 BvR 293, 65, 1 BvR 295/65, BVerfGE 33, 171, 182 f; BVerfG, Beschluss vom 1.3.1978 – 1 BvR 786/70, 1 BvR 793/70, 1 BvR 168/71, 1 BvR 95/73, BVerfGE 47, 285, 318 ff.; BVerfG, Beschluss vom 6.11.1984 – 2 BvL 16/83, BVerfGE 68, 237, 255; BVerfG, Beschluss vom 14.5.1985 – 1 BvL 6/82, BVerfGE 69, 373, 378 f.; BVerfG, Beschluss vom 17.10.1990 – 1 BvR 283/85, BVerfGE 83, 1, 13; BVerfG, Beschluss vom 30.3.1993 – 1 BvR 1045/89, 1 BvR 1381/90, 1 BvL 11/90, BVerfGE 88, 145, 159.

183 BVerfG, Beschluss vom 19.5.1992 – 1 BvR 126/85, BVerfGE 86, 122, 130.

184 BVerfG, Beschluss vom 7.2.1990 – 1 BvR 26/84, BVerfGE 81, 242, 255.

untrennbar mit der Freiheit zur beruflichen Betätigung verbunden und ist daher unter Art. 12 Abs. 1 GG zu subsumieren.[185]

Zuletzt ist die Wettbewerbsfreiheit nach Auffassung des BVerfG durch Art. 12 Abs. 1 GG geschützt. Diese sei, als das Verhalten der Unternehmer im Wettbewerb im Rahmen der bestehenden Wirtschaftsordnung, Bestandteil der Berufsausübung.[186]

Nicht zu verwechseln mit der Unternehmerfreiheit ist die Unternehmensfreiheit. Die Unternehmensfreiheit schützt durch Art. 12 Abs. 1 GG die Freiheit des Unternehmens als Korporation bzw. juristische Person.[187]

3. Personaler Bezug der Berufsfreiheit bei Großunternehmen

Nach Auffassung des BVerfG bezieht sich die Unternehmerfreiheit sowohl auf die Gründung und Führung von Klein- oder Mittelbetrieben als auch von Großunternehmen. Allerdings gehe der den eigentlichen Kern der Berufsfreiheit ausmachende personale Bezug bei Großunternehmen nahezu verloren.[188]

Vor diesem Hintergrund wird im arbeitsrechtlichen Schrifttum diskutiert, ob Eingriffe in die Unternehmerfreiheit durch die Tarifvertragsparteien bei Großunternehmen anders zu beurteilen sind als bei kleinen oder mittleren Unternehmen. So gewichten einige bei der Abwägung von Tarifautonomie und Unternehmerfreiheit das Maß, in dem der Beruf für den Grundrechtsträger zugleich identitätsstiftendes Persönlichkeitsmerkmal ist, besonders.[189] Je stärker der personale Bezug im Vordergrund stehe, desto höher sei das Schutzniveau.[190]

Das BVerfG hat jedoch ausgeführt, dass die Unternehmerfreiheit auch die Tätigkeit von Großunternehmen umfasse. Der geringere Schutz wirke sich erst auf der Ebene der verfassungsrechtlichen Rechtfertigung in Form einer weiterreichenden Regelungsbefugnis des Gesetzgebers aus.[191] Inwiefern also der personale Bezug der Berufsfreiheit bei der Abwägung von Tarifautonomie und Unternehmerfreiheit gewichtet wird, wird in diesem Teil unter C III erörtert werden.

---

185 Vgl.: *Müller*, Die Berufsfreiheit des Arbeitgebers, 33 f.

186 BVerfG, Beschluss vom 8.2.1972 – 1 BvR 170/71, BVerfGE 32, 311, 317; BVerfG, Beschluss vom 12.10.1977 – 1 BvR 216/75, 1 BvR 217/75, BVerfGE 46, 120, 137.

187 v. Mangoldt/Klein/Starck-*Manssen*, GG, Art. 12 Abs. 1 Rn. 70.

188 BVerfG, Urteil vom 1.3.1979 – 1 BvR 532/77, 1 BvR 533/77, 1 BvR 419/78, 1 BvL 21/78, BVerfGE 50, 290, 363.

189 *Kühling/Bertelsmann,* NZA 2005, 1017, 1025.

190 BVerfG, Urteil vom 1.3.1979 – 1 BvR 532/77, 1 BvR 533/77, 1 BvR 419/78, 1 BvL 21/78, BVerfGE 50, 290, 363.

191 BVerfG, Urteil vom 1.3.1979 – 1 BvR 532/77, 1 BvR 533/77, 1 BvR 419/78, 1 BvL 21/78, BVerfGE 50, 290, 364.

II. Eigentumsgarantie, Art. 14 GG

Neben Art. 12 Abs. 1 GG gewährleistet auch Art. 14 GG den Schutz unternehmerischer Positionen. Die Eigentumsgarantie schützt über § 903 BGB hinaus jedes vermögenswerte Recht, das dem Inhaber ebenso ausschließlich wie Eigentum an einer Sache zur privaten Nutzung und zur eigenen Verfügung zugeordnet ist.[192] Die Eigentumsgarantie des Art. 14 GG soll dem „Grundrechtsträger einen Freiraum im vermögensrechtlichen Bereich erhalten" und dem „Einzelnen eine eigenverantwortliche Gestaltung seines Lebens ermöglichen".[193] Dies gilt auch für die wirtschaftliche Betätigungsfreiheit.[194]

1. Persönlicher Schutzbereich

Grundrechtsträger sind auch hier natürliche Personen sowie nach Art. 19 Abs. 3 GG inländische juristische Personen.[195]

2. Sachlicher Schutzbereich

Eine eigentumsfähige Position ist grundsätzlich jedes vom Gesetzgeber gewährte (konkrete) vermögenswerte Recht, jedenfalls wenn es durch Entfaltung des Leistungswillens entstanden ist.[196] Nicht nur der Bestand der Eigentumspositionen, sondern auch die Nutzung, Veräußerung oder Verfügung sind vom Schutz des Art. 14 GG erfasst.[197]

---

192 BVerfG, Beschluss vom 6.10.2009 – 2 BvR 693/09, NJW 2010, 220 f.

193 BVerfG, Beschluss vom 9.1.1991 – 1 BvR 929/89, BVerfGE 83, 201, 208; BVerfG, Beschluss vom 31.3.1998 – 2 BvR 1877/97, 2 BvR 50/98, BVerfGE 97, 350, 371; BVerfG, Beschluss vom 16.2.2000 – 1 BvR 242/91, 1 BvR 315/99, BVerfGE 102, 1, 15.

194 BVerfG, Beschluss vom 8.3.1988 – 1 BvR 1092/84, BVerfGE 78, 58, 73; BVerwG, Urteil vom 16.3.1989 – 4 C 36/85, BVerwGE 81, 329, 341.

195 BVerfG, Beschluss vom 1.3.1967 – 1 BvR 46/66, BVerfGE 21, 207, 208 f.; näher zu ausländischen juristischen Personen: v. Mangoldt/Klein/Starck-*Depenheuer*, GG, Art. 14 Rn. 187.

196 BVerfG, Urteil vom 18.12.1968 – 1 BvR 638/64, 1 BvR 673/64, 1 BvR 200/56, 1 BvR 238/56, 1 BvR 249/56, BVerfGE 24, 367, 396; BVerfG, Urteil vom 28.2.1980 – 1 BvL 17/77, 1 BvL 7/78, 1 BvL 9/78, 1 BvL 14/78, 1 BvL 15/78, 1 BvL 16/78, 1 BvL 37/78, 1 BvL 64/78, 1 BvL 37/78, 1 BvL 64/78, 1 BvL 74/78, 1 BvL 78/78, 1 BvL 100/78, 1 BvL 5/79, 1 BvL 16/79, 1 BvR 807/78, BVerfGE 53, 257, 290; BVerfG, Beschluss vom 15.7.1981 – 1 BvL 77/78, BVerfGE 58, 300, 336.

197 BVerfG, Beschluss vom 12.6.1979 – 1 BvL 19/76, BVerfGE 52, 1, 30 f.; BVerfG, Urteil vom 1.3.1990 – 1 BvR 532/77, 1 BvR 533/77, 1 BvR 419/78, 1 BvL 21/78, BVerfGE 50, 290, 339; BVerfG, Beschluss vom 25.5.1993 – 1 BvR 345/83, BVerfGE 88, 366, 377; BVerfG, Beschluss vom 22.11.1994 – 1 BvR 351/91, BVerfGE 91, 294, 308; BVerfG, Beschluss vom 8.4.1998 – 1 BvR 1680/93, 1 BvR 183/94, 1 BvR 1580/94, BVerfGE 98, 17, 35; BVerfG, Beschluss vom

Das Betriebseigentum bzw. das Recht am eingerichteten und ausgeübten Gewerbebetrieb wird nach Ansicht des Bundesgerichtshofs (BGH) und zum Teil des Schrifttums als ein durch Art. 14 GG verfassungsrechtlich geschütztes Recht angesehen. Darunter sei die Sach- und Rechtsgesamtheit eines wirtschaftlichen Unternehmens zu verstehen.[198] Nach Auffassung des BGH sind nicht nur der eingerichtete und ausgeübte Gewerbebetrieb und dessen Bestand, sondern auch dessen Erscheinungsformen, wozu die gesamte gewerbliche Tätigkeit zu rechnen ist, geschützt. Zum Gewerbebetrieb gehören also die Betriebsgrundstücke und -räume sowie die Einrichtungsgegenstände, die Warenvorräte und die Außenstände als auch die geschäftlichen Verbindungen, Beziehungen und Kundenstamm, also alles, was in seiner Gesamtheit den wirtschaftlichen Wert des konkreten Betriebes ausmacht.[199]

Das BVerfG hingegen hat offengelassen, ob das Unternehmen oder der „eingerichtete und ausgeübte Gewerbebetrieb" von Art. 14 Abs. 1 GG geschützt ist.[200] Es lässt dahinstehen, ob das Unternehmen (nur) eine tatsächliche, nicht aber eine rechtliche Zusammenfassung der zu seinem Vermögen gehörenden Sachen und Rechte ist, die an sich schon vor verfassungswidrigen Eingriffen geschützt sind.[201]

Auch die Eigentumsgarantie weist nach Auffassung des BVerfG starke personale Bezüge auf.[202] Je höher der Anteil der eigenen Leistung am Eigentumsbestand ist, desto stärker tritt der verfassungsrechtlich wesentliche personale Bezug hervor.[203]

14.7.1999 – 1 BvR 995/95, 1 BvR 2288/95, 1 BvR 2711/95, BVerfGE 101, 54, 75; BVerwG, Urteil vom 17.6.1993 – 3 C 25/90, BVerwGE 92, 322, 327.

198 BGH, Urteil vom 28.1.1957 – III ZR 141/55, BGHZ 23, 157, 162 f.; BHG, Urteil vom 28.6.1984 – III ZR 35/83, BGHZ 92, 34, 37; v. Mangoldt/Klein/Starck-*Depenheuer,* GG, Art. 14 Rn. 135; Erfurter Kommentar-*Dieterich,* GG, Art. 14 Rn. 5; Jarass/Pieroth-*Jarass,* GG, Art. 14 Rn. 10.

199 BGH, Urteil vom 28.1.1957 – III ZR 141/55, BGHZ 23, 157, 162 ff.; BGH, Urteil vom 31.1.1966 – III ZR 110/64, BGHZ 45, 150, 155; BGH, Urteil vom 10.7.1980 – III ZR 160/78, BGHZ 78, 41, 44.

200 BVerfG, Beschluss vom 25.1.1984 – 1 BvR 272/81, BVerfGE 66, 116, 145; BVerfG, Beschluss vom 31.10.1984 – 1 BvR 35/82, 1 BvR 356/82, 1 BvR 794/82, BVerfGE 68, 193, 222.

201 BVerfG, Beschluss vom 22.5.1979 – 1 BvL 9/75, BVerfGE 51, 193, 221 f.; BVerfG, Beschluss vom 25.1.1984 – 1 BvR 272/81, BVerfGE 66, 116, 145; BVerfG, Beschluss vom 31.10.1984 – 1 BvR 35/82, 1 BvR 356/82, 1 BvR 794/82, BVerfGE 68, 193, 222 f.; BVerfG, Beschluss vom 12.11.1997 – 1 BvR 479/92, 1 BvR 307/94, BVerfGE 96, 375, 397; BVerfG, Beschluss vom 26.6.2002 – 1 BvR 558/91, 1 BvR 1428/91, BVerfGE 105, 252, 278.

202 BVerfG, Urteil vom 18.12.1968 – 1 BvR 638/64, 1 BvR 673/64, 1 BvR 200/56, 1 BvR 238/56, 1 BvR 249/56, BVerfGE 24, 367, 389.

203 BVerfG, Beschluss vom 1.7.1981 – 1 BvR 874/77, 1 BvR 322/78, 1 BvR 324/78, 1 BvR 472/78, 1 BvR 543/78, 1 BvR 649/78, 1 BvR 752/78, 1 BvR 753/78, 1 BvR 754/78, 1 BvL 33/80, 1 BvL 10/81, 1 BvL 11/81, BVerfGE 104, 1, 8 f.

Die Eigentumsgarantie umfasst nur den vorhandenen Bestand an vermögenswerten Gütern, also das Erworbene. Die Erwerbs- und Leistungstätigkeit des Einzelnen ist durch Art. 12 Abs. 1 GG geschützt.[204]

Nach Auffassung des BVerfG bezieht sich das Eigentum am Unternehmen nicht nur auf den Umfang des Betriebseigentums, sondern auch auf das Eigentum am Unternehmensträger, insbesondere an Trägergesellschaften.[205] Erfasst sind sowohl die Rechtsbeziehungen zwischen dem Unternehmen und dessen Trägern im Verhältnis zu außenstehenden Dritten als auch die Integrität unternehmensinterner Rechtsbeziehungen.[206]

Neben dem Eigentum am Unternehmen ist nach Ansicht des BVerfG auch das Anteilseigentum, insbesondere die Aktie, vom verfassungsrechtlichen Schutz des Art. 14 GG erfasst.[207]

Art. 14 GG gewährleistet also den Schutz des Arbeitgebers vor Eingriffen in sein Eigentum und ist insofern als „Wirtschaftsgrundrecht" zu bezeichnen.

III. Allgemeine Handlungsfreiheit, Art. 2 Abs. 1 GG

Zuletzt kann der Arbeitgeber zum Schutz seiner Unternehmerfreiheit auf Art. 2 Abs. 1 GG zurückgreifen.

1. Persönlicher und sachlicher Schutzbereich

Art. 2 Abs. 1 GG regelt die allgemeine Handlungsfreiheit im umfassenden Sinn.[208] Der Schutzbereich umfasst jedes menschliche Verhalten, auch das Nichthandeln.[209] Geschützt werden alle natürlichen Personen, Handelsgesellschaften sowie inländische juristische Personen, soweit sie in ihrem Recht auf freie Entfaltung im Sinne der wirtschaftlichen Betätigungsfreiheit betroffen sind.[210]

---

204 Maunz/Dürig-*Papier*, GG, Art. 14 Rn. 222.

205 BVerfG, Urteil vom 1.3.1979 – 1 BvR 532/77, 1 BvR 533/77, 1 BvR 419/78, 1 BvL 21/78, BVerfGE 50, 290, 351.

206 v. Mangoldt/Klein/Starck-*Depenheuer*, GG, Art. 14 Rn. 141.

207 BVerfG, Urteil vom 7.8.1962 – 1 BvL 16/60, BVerfGE 14, 263, 276ff.; BVerfG, Urteil vom 7.5.1969 – 2 BvL 15/67, BVerfGE 25, 371, 407; BVerfG, Urteil vom 1.3.1979 – 1 BvR 532/77, 1 BvR 533/77, 1 BvR 419/78, 1 BvL 21/78, BVerfGE 50, 290, 341 ff.; BVerfG, Beschluss vom 27.4.1999 – 1 BvR 1613/94, BVerfGE 100, 189, 301 f.

208 BVerfG, Urteil vom 16.1.1957 – 1 BvR 253/56, BVerfGE 6, 32, 36; BVerfG, Beschluss vom 26.10.2005 – 1 BvR 396/98, BVerfGE 114, 371, 383.

209 Erfurter Kommentar-*Schmidt*, GG, Art. 2 Rn. 1.

210 BVerfG, Beschluss vom 25.1.1984 – 1 BvR 272/81, BVerfGE 66, 116, 130; zur Erstreckung auf Ausländer: v. Mangoldt/Klein/Starck-*Starck*, GG, Art. 2 Abs. 1 Rn. 44.

2. Subsidiarität

Die allgemeine Handlungsfreiheit ist als Auffanggrundrecht gegenüber den speziellen Freiheitsrechten subsidiär.[211] Soweit es um die Handlungsfreiheit im Berufsleben geht, tritt die allgemeine Handlungsfreiheit hinter Art. 12 Abs. 1 GG zurück.[212] Für die Freiheit im wirtschaftlichen Verkehr hat die Abgrenzung zur Berufsfreiheit aber praktisch keine Bedeutung. Das BVerfG hat sich im Grundsatz für den Vorrang der speziellen Grundrechte ausgesprochen.[213]

IV. Zwischenergebnis

Zusammenfassend lässt sich festhalten, dass die Unternehmerfreiheit kein „eigenes“ Grundrecht im klassischen Sinne darstellt, sondern sich aus verschiedenen Teilbereichen der Grundrechte aus Art. 12 Abs. 1 GG, Art. 14 GG und subsidiär aus Art. 2 Abs. 1 GG ableitet.

Bei der nachfolgenden Prüfung, inwieweit die Unternehmerfreiheit eine verfassungsimmanente Schranke der Tarifautonomie darstellt, müssen daher die jeweils einschlägigen Grundrechte und ihr Gewährleistungsumfang herangezogen werden. Der Begriff „Unternehmerfreiheit“ dient insofern nur als Oberbegriff.

Im Hinblick auf die tarifliche Regelbarkeit von Standortgarantien und Zeitarbeitsquoten spielt insbesondere die Berufsfreiheit nach Art. 12 Abs. 1 GG ein Rolle.

C. Unternehmerfreiheit als verfassungsimmanente Schranke der Tarifautonomie

I. Einleitende Betrachtung

Die Unternehmerfreiheit hat bereits bei der Abgrenzung des Kompetenzbereichs der Koalitionen im Rahmen des Art. 9 Abs. 3 GG eine Rolle gespielt.[214] Dort fun-

211 BVerfG, Beschluss vom 16.12.1981 – 1 BvR 898/79, 1 BvR 1132/79, 1 BvR 1150/79, 1 BvR 1333/79, 1 BvR 1181/79, 1 BvR 83/80, 1 BvR 416/80, 1 BvR 1117/79, 1 BvR 603/80, BVerfGE 59, 128, 163.

212 BVerfG, Beschluss vom 16.12.1981 – 1 BvR 898/79, 1 BvR 1132/79, 1 BvR 1150/79, 1 BvR 1333/79, 1 BvR 1181/79, 1 BvR 83/80, 1 BvR 416/80, 1 BvR 1117/79, 1 BvR 603/80, BVerfGE 59, 128, 163.

213 Erfurter Kommentar-*Schmidt*, GG, Art. 2 Rn. 10.

214 Siehe: Teil 1, B II 3 a), b), S. 23 ff.

gierte sie als Auslegungskriterium für den Begriff der „Arbeits- und Wirtschaftsbedingungen“. Aber auch bei der Frage, inwiefern die Tarifvertragsparteien beim Abschluss von Tarifverträgen die Grundrechte ihrer Mitglieder beachten müssen, hat die Unternehmerfreiheit eine entscheidende Bedeutung.

Obwohl die Koalitionsfreiheit und damit die Tarifautonomie nach Art. 9 Abs. 3 GG vorbehaltlos gewährleistet wird, gilt sie trotz allem nicht unbegrenzt und ist damit begrenzbar.[215] Nach ständiger Rechtsprechung des BVerfG unterliegt sie verfassungsimmanenten Schranken, wenn sie mit anderen Rechtsgütern kollidiert, die Verfassungsrang haben, insbesondere mit den Grundrechten Dritter.[216] So ist es anerkannt, dass die Wahrung der Gleichheitsrechte durch die Tarifvertragsparteien gewährleistet sein muss. Die Tarifautonomie findet somit eine Grenze in Art. 3 GG.[217] Weniger eindeutig zu beantworten ist die Frage, inwieweit die Tarifautonomie durch die Unternehmerfreiheit, insbesondere durch die Berufsausübungsfreiheit des Art. 12 Abs. 1 GG, eingeschränkt wird.[218]

Zu hinterfragen ist daher, inwieweit die Unternehmerfreiheit als verfassungsimmanente Schranke der Tarifautonomie Grenzen setzt. Betroffen ist somit das Verhältnis zwischen der kollektiven Koalitionsfreiheit zu den individuellen Grundrechtspositionen der Tarifgebundenen.[219]

Die Mitglieder der Tarifvertragsparteien werden durch die tariflichen Regelungen unausweichlich in ihren Grundrechten beschränkt, insbesondere in ihrer Berufsausübungsfreiheit. Dass die Ausübung der Tarifautonomie fast immer mit einer Kollision der Unternehmerfreiheit einhergeht, ist daher unbestritten, denn praktisch jede tarifliche Regelung zieht eine Beeinträchtigung der unternehmerischen Freiheit nach sich.[220] Der Grenzverlauf zwischen der noch zulässigen Beeinträchtigung der Unternehmerfreiheit durch die Tarifautonomie und dem Beginn des nicht mehr zulässigen Eingriffs ist jedoch lebhaft umstritten.

Die Auflösung dieser Konfliktsituation erfolgt im Wege der praktischen Konkordanz.[221] Hierbei geht es nach dem BVerfG um das „Prinzip des schonends-

215 BVerfG, Beschluss vom 20.10.1981 – 1 BvR 404/78, BVerfGE 58, 233, 247.

216 BVerfG, Beschluss vom 14.11.1995 – 1 BvR 601/92, BVerfGE 93, 352, 360.

217 BAG, Urteil vom 27.5.2004 – 6 AZR 129/03, BAGE 111, 8, 16f.; BAG, Urteil vom 18.3.2010 – 6 AZR 156/09, BAGE 133, 354, 361 f.; BAG, Urteil vom 22.4.2010 – 6 AZR 966/08, NZA 2010, 947, 953; *Dieterich,* in: FS Wiedemann, 2002, S. 229, 237.

218 Differenzierend: *Wolter,* RdA 2002, 218, 220, der Art. 12 Abs. 1 GG durch den Beitritt zum Verband durch Art. 9 Abs. 3 GG verdrängt sieht; beim Firmentarifvertrag verdränge die negative Koalitionsfreiheit den Art. 12 Abs. 1 GG.

219 Erfurter Kommentar-*Dieterich,* GG, Art. 9 Rn. 77.

220 *Wiedemann,* RdA 1986, 231, 236.

221 Erfurter Kommentar-*Dieterich,* GG, Einl. Rn. 51 ff.

ten Ausgleichs“. Beiden Grundrechten müssten Grenzen gezogen werden, damit beide zu optimaler Wirkung gelangen.[222]

Nachfolgend werden anhand von Standortgarantien und Zeitarbeitsquoten zwei Kollisionsbereiche zwischen Tarifautonomie und Unternehmerfreiheit aufgezeigt. Dieser Kollisionsbereich wird nach den Grundsätzen der praktischen Konkordanz aufzulösen sein.

Zunächst bleibt bei der Untersuchung die Frage ohne Berücksichtigung, ob der Arbeitgeber bei Abschluss eines Haustarifvertrages auf seinen Grundrechtsschutz verzichten bzw. in den Eingriff einwilligen kann. Eine Auflösung der Kollision zwischen Tarifautonomie und Unternehmerfreiheit würde durch einen wirksamen Verzicht auf die Unternehmerfreiheit entbehrlich und damit auch die Abwägung der kollidierenden Grundrechtspositionen. Ob also Standortgarantien und Zeitarbeitsquoten möglicherweise aufgrund eines Verzichts auf die Unternehmerfreiheit in Haustarifverträgen vereinbart werden können, wird unter Abschnitt D untersucht werden.

II. Standortgarantien und Zeitarbeitsquoten als Eingriffe der Tarifautonomie in die Unternehmerfreiheit

In der praktischen Ausgestaltung der Arbeits- und Wirtschaftsbedingungen durch Tarifverträge existiert eine Vielzahl von Kollisionen zwischen Tarifautonomie und Unternehmerfreiheit. Anhand der beiden Beispielsfälle, die exemplarisch für solche Kollisionen herangezogen werden, sollen zwei wichtige und aktuelle Problembereiche aufgezeigt werden.

1. Standortgarantie

Wie unter Teil 1 dargelegt wurde, fällt eine tarifliche Zusage zu einer Standortsicherung zunächst einmal unter den Kompetenzbereich der Koalitionen nach Art. 9 Abs. 3 GG und könnte grundsätzlich nach Maßgabe des TVG im Wege einer schuldrechtlichen Vereinbarung durch Tarifvertrag geregelt werden.[223]

Die Unternehmerfreiheit als Teilbereich der Berufsausübungsfreiheit nach Art. 12 Abs. 1 GG schützt die freie Gründung und freie Führung von Unternehmen.[224] Darunter fällt, wie bereits dargestellt, auch die Produktionsfreiheit. Sinn

---

222 BVerfG, Urteil vom 25.2.1975 – 1 BvF 1/74, 1 BvF 2/74, 1 BvF 3/74, 1 BvF 4/74, 1 BvF 5/74, 1 BvF 6/74, BVerfGE 39, 1, 43.

223 Siehe: Teil 1, B II 3 b), aa), S. 25 ff.; Teil 1, C II 2, S. 37 f.

224 BVerfG, Urteil vom 1.3.1979 – 1 BvR 532/77, 1 BvR 533/77, 1 BvL 21/78, BVerfGE 50, 290, 363.

und Zweck der Produktionsfreiheit ist, dem Unternehmer die Entscheidung darüber zu belassen, was, wo und wieviel er produzieren möchte.[225] Auch die freie Wahl des Unternehmensstandortes ist damit durch Art. 12 Abs. 1 GG gewährleistet.[226]

Eine tarifliche Regelung, die den Arbeitgeber verpflichtet, seinen Betrieb für einen bestimmten Zeitraum oder dauerhaft nicht zu verlagern, beeinträchtigt den Arbeitgeber in seinem autonomen Recht zur Führung des Unternehmens. Er kann für die Laufzeit dieses Tarifvertrags nicht mehr frei entscheiden, wo er produzieren möchte. Genau diese Entscheidungsbefugnis soll dem Unternehmer jedoch nach Sinn und Zweck der Berufsausübungsfreiheit des Art. 12 Abs. 1 GG zustehen.[227]

Darüber hinaus könnte der Unternehmer, wenn er auf eine Verlagerung an einen für ihn in verschiedener Hinsicht günstigeren Standort verzichtet, in seiner durch Art. 12 Abs. 1 GG geschützten Wettbewerbsfreiheit beeinträchtigt sein.[228] Möglicherweise ist der Unternehmer darauf angewiesen, durch die beabsichtigte Verlagerung Wettbewerbsnachteile aufzuholen. Ein Tarifvertrag zu Erhaltung des bestehenden Standortes könnte diesen Effekt zunichtemachen. Insofern könnte der Arbeitgeber im Wettbewerb mit anderen Unternehmen Nachteile erleiden.

2. Zeitarbeitsquote

Ein Haustarifvertrag, der im Entleiherbetrieb die Quote in Bezug auf den Einsatz von Zeitarbeitnehmern auf einen bestimmten Prozentsatz an der Stammbelegschaft begrenzt, fällt unter den Kompetenzbereich der Koalitionen nach Art. 9 Abs. 3 GG.[229]

Die Unternehmerfreiheit als Teilbereich der Berufsfreiheit schützt u. a. auch die freie Entscheidung des Arbeitgebers darüber, mit wieviel Personal er etwas produzieren möchte.[230] Die Zusammensetzung der Belegschaft obliegt also zunächst einmal der alleinigen Entscheidung des Arbeitgebers, da hier die Arbeitsorganisation im Betrieb betroffen ist.[231]

Regelt ein Tarifvertrag, wie hoch der Anteil der Zeitarbeitnehmer im Betrieb im Verhältnis zur Stammbelegschaft sein darf, kann der Arbeitgeber ab Überschreiten der tariflichen Quote für die Laufzeit dieses Tarifvertrages nicht mehr

225 Siehe: Teil 2, B I 2, S. 60 ff.
226 BVerfG, Urteil vom 4.10.1983 – 1 BvR 1633/82, 1 BvR 1549/82, BVerfGE 65, 116, 126.
227 Siehe: Teil 2, B I 2, S. 60 ff.
228 Siehe: Teil 2, B I 2, S. 60 ff.
229 Siehe: Teil 1, B II 3 b), bb), S. 27 f.
230 LAG Schleswig-Holstein, Urteil vom 27.3.2003 – 5 Sa 137/03, NZA-RR 2003, 592, 594, bezugnehmend auf: BAG, Urteil vom 3.4.1990 – 1 AZR 123/89, BAGE 64, 284, 295 f.
231 Vgl.: *Löwisch/Rieble*, TVG, § 1 Rn. 379 ff.

eigenmächtig über die Zusammensetzung seiner Belegschaft entscheiden. Er ist an die tarifliche Quote gebunden. Insofern liegt ein Eingriff in seine Organisationsfreiheit vor, welche durch Art. 12 Abs. 1 GG geschützt ist.[232]

3. Zwischenergebnis

Durch einen Tarifvertrag zur Standortsicherung greifen die Tarifvertragsparteien in die Unternehmerfreiheit in Form des Art. 12 Abs. 1 GG ein. Dasselbe gilt für einen Tarifvertrag, der den Einsatz von Zeitarbeitnehmern im Einsatzbetrieb in Form einer Quote regelt.

Die Kollisionen zwischen Tarifautonomie und Unternehmerfreiheit bedürfen der Auflösung, um beide Grundrechtspositionen zu einem sachgerechten Ausgleich zu bringen.

III. Auflösung der Grundrechtskollisionen im Wege praktischer Konkordanz

Grundrechtskollisionen beschreiben den Widerstreit der Freiheitsrechte von zwei oder mehreren Grundrechtsinhabern mit der Folge gegenseitiger oder wechselseitiger Freiheitsbegrenzung.[233] Mit anderen Worten: Die Freiheit des einen findet ihre Grenze an der Freiheit des anderen.[234]

Da der Gesetzgeber im Bereich des Tarifrechts keinen Ausgleich hierfür normiert hat, muss die Rechtsprechung für einen solchen sorgen. Dieser Ausgleich wird durch eine Abwägung der widerstreitenden Grundrechtspositionen im Wege der praktischen Konkordanz erreicht.[235]

1. Allgemeine Abwägungskriterien

Die Auflösung von Grundrechtskollisionen erfordert Kriterien, die eine Abwägung der kollidierenden Güter möglich machen. *Dieterich* hat hierbei folgende Aspekte hervorgehoben:

---

232 Siehe: Teil 2, B I 2, S. 60 ff.

233 Sachs-*Sachs,* GG, Vor Art. 1 Rn. 129; Jarass/Pieroth-*Jarass,* GG, Vorbem. vor Art. 1 Rn. 48; Münch/Kunig-*Münch,* GG, Vorbem. Art. 1–19 Rn. 44; *Ruffert,* Vorrang der Verfassung und Eigenständigkeit des Privatrechts, 72; *Schlink,* in: FS 50 Jahre BVerfG Bd. II, 2001, S. 445, 457 ff.; Dreier-*Dreier,* GG, Vorbem. vor Art.1 GG Rn. 155 ff.

234 Handbuch der Grundrechte-*Bethge,* Bd. III, § 72 Rn. 1.

235 BVerfG, Urteil vom 25.2.1975 – 1 BvF 1/74, 1 BvF 2/74, 1 BvF 3/74, 1 BvF 4/74, 1 BvF 5/74, 1 BvF 6/74, BVerfGE 39, 1, 43.

Zum einen sei die Intensität der jeweils umstrittenen Freiheitsbeschränkung (Eingriffsintensität) zu berücksichtigen und zu gewichten. Darüber hinaus müsse der Rang und das Gewicht des mit dem Eingriff (Eingriffszweck) verfolgten Ziels gewertet werden. Zuletzt seien in Bezug auf das umstrittene Regelungsproblem die Bedeutung und der spezielle Gehalt des betroffenen Grundrechts bzw. der kollidierenden Grundrechtspositionen zu gewichten und zu berücksichtigen.[236]

Diese Kriterien werden bei der nachfolgenden Abwägung der Tarifautonomie mit der Unternehmerfreiheit zugrunde gelegt.

2. Tarifautonomie versus Unternehmerfreiheit

Das BVerfG ist der Ansicht, dass ein „angemessener Spielraum zur Entfaltung der Unternehmerinitiative unantastbar ist".[237] Ein Eingriff in den geschützten Freiheitsbereich ist daher nur zulässig, „wenn den Betroffenen ein angemessener Spielraum verbleibt, sich als verantwortlicher Unternehmer wirtschaftlich frei zu entfalten".[238]

Wiedemann ist der Ansicht, die Ausübung der Tarifautonomie dürfe nicht dazu führen, dass das Recht auf freie unternehmerische Betätigung leerlaufe.[239] Er führt aus, dass die Autonomie der Unternehmen gegenüber gewerkschaftlicher Einflussnahme jedenfalls im Kern durch den Gewährleistungszusammenhang des Art. 9 Abs. 3 GG einerseits und der Art. 12 GG und Art. 14 GG andererseits geschützt sei. Dieser schließe aus, dass die Gewerkschaften im Wege des Tarifvertrages als Quasi-Mitunternehmer die Verfügungsgewalt über die Produktionsmittel erhielten. Die Unabhängigkeit der Arbeitgeberseite sei nur gewahrt, wenn ihr die Entscheidung über Betrieb und Unternehmen im Prinzip erhalten bleibe.[240]

Anerkannt ist daher, dass dem Unternehmer ein Bereich überlassen werden muss, der frei von der Einflussnahme durch die Koalitionen ist. Dieser geschützte Bereich lässt sich jedoch abstrakt nicht hinreichend genau abgrenzen. Es bedarf hierzu der Abwägung im Einzelfall.

236 Erfurter Kommentar-*Dieterich,* GG, Einl. Rn. 77.

237 BVerfG, Urteil vom 14.10.1970 – 1 BvR 306/68, BVerfGE 29, 260, 267; BVerfG, Urteil vom 1.3.1979 – 1 BvR 532/77, 1 BvR 533/77, 1 BvR 419/78, 1 BvL 21/78, BVerfGE 50, 290, 366.

238 BVerfG, Urteil vom 20.7.1954 – 1 BvR 459/52; 1 BvR 484/52; 1 BvR 555/52; 1 BvR 623/52; 1 BvR 651/52; 1 BvR 748/52; 1 BvR 783/52; 1 BvR 801/52; 1 BvR 5/53; 1 BvR 9/53; 1 BvR 96/54; 1 BvR 114/54 – BVerfGE 4, 7, 16.

239 *Wiedemann,* RdA 1986, 231, 235.

240 *Wiedemann,* RdA 1986, 231, 236.

a) *Standortgarantie*

Eine tarifliche Verpflichtung des Arbeitgebers, seinen Betrieb für bestimmte Zeit am bisherigen Standort aufrechtzuerhalten, könnte so weitreichend in die unternehmerische Freiheit eingreifen, dass eine solche Verpflichtung unzulässig wäre. Ließe der Haustarifvertrag zur Standortsicherung dem Arbeitgeber keinen Spielraum mehr, sich als verantwortlicher Unternehmer wirtschaftlich frei zu entfalten, läge ein durch die Ausübung der Tarifautonomie unzulässiger Eingriff in die Unternehmerfreiheit vor.[241]

aa) Rechtsprechung

Die Rechtsprechung, insbesondere das BAG, hat sich bisher nur in wenigen Fällen zur Zulässigkeit tarifvertraglicher Standortgarantien geäußert. Allerdings kann man einzelnen Entscheidungen, in denen das Gericht zur freien Unternehmerentscheidung im Kündigungsschutzrecht oder in Bezug auf § 613 a BGB Stellung genommen hat, entnehmen, dass es grundsätzlich dem Unternehmer obliege, ob er seinen Betrieb fortführen oder stilllegen will.[242]

Zwei Entscheidungen von Landesarbeitsgerichten, die sich vorrangig mit der Rechtmäßigkeit einer streikweisen Durchsetzung von standortsichernden Tarifverträgen auseinandersetzen, sollen jedoch näher betrachtet werden.

So hat das LAG Hamm bereits am 31.5.2000 entschieden, dass ein Streik, der den Arbeitgeber dazu zwingen soll, einen betriebsbezogenen Firmentarifvertrag bzw. einen betriebsbezogenen Verbandstarifvertrag zur Erhaltung des Standortes zu schließen, unzulässig in die Unternehmerfreiheit des Arbeitgebers eingreife. Dem Arbeitgeber stehe das Recht zu, ohne Streikdruck frei zu entscheiden, ob er an einem bestimmten Standort produziere oder die Produktion verlagern wolle. Durch einen Streik würde ein so starker Druck auf den Arbeitgeber ausgeübt, dass hierdurch eine freie unternehmerische Entscheidung unmöglich werde.[243]

Das LAG Schleswig-Holstein hatte in der Entscheidung vom 27.3.2003 über die Zulässigkeit eines Streiks vor dem Hintergrund einer beabsichtigten Produktionsverlagerung zu entscheiden. [244] Die Gewerkschaft hatte aufgrund einer

---

241 BVerfG, Urteil vom 20.7.1954 – 1 BvR 459/52; 1 BvR 484/52; 1 BvR 555/52; 1 BvR 623/52; 1 BvR 651/52; 1 BvR 748/52; 1 BvR 783/52; 1 BvR 801/52; 1 BvR 5/53; 1 BvR 9/53; 1 BvR 96/54; 1 BvR 114/54 – BVerfGE 4, 7, 16.

242 BAG, Urteil v. 27.9.1984 – 2 AZR 309/83, BAGE 47, 13, 17; BAG, Urteil vom 27.2.1987 – 7 AZR 652/85, BAGE 54, 215, 228; BAG, Urteil vom 16.9.1993 – 2 AZR 267/93, BAGE 74, 185, 199; BAG, Urteil vom 10.12.2002 – 2 AZR 571/01, BAGE 104, 131, 133 f.

243 LAG Hamm, Urteil vom 31.5.2000 – 18 Sa 858/00, NZA-RR 2000, 535 ff.

244 LAG Schleswig-Holstein, Urteil vom 27.3.2003 – 5 Sa 137/03, NZA-RR 2003, 592–597.

geplanten Produktionsverlagerung den zuständigen Arbeitgeberverband aufgefordert, in Verhandlungen über einen firmenbezogenen Verbandstarifvertrag einzutreten. Dieser sollte u. a. regeln, im Falle betriebsbedingter Kündigungen die Grundkündigungsfristen zu verlängern. Das Gericht führt in seiner Entscheidung auch aus, dass die Tarifforderung nicht darauf gerichtet gewesen sei, die Standortverlagerung zu verhindern, sondern die sozialen Folgen für die Arbeitnehmer zu mildern. Zum unantastbaren Kernbereich der Unternehmensautonomie gehöre beispielsweise die Entscheidung über Schließung oder Veräußerung des Betriebes, aber auch die Entscheidung über eine Standortverlagerung. Der Arbeitgeber könne auf Grund des Kernbereiches der Unternehmensautonomie frei darüber entscheiden, welche Geld- und Sachmittel zu welchem Zweck ausgegeben würden und ob, was, wo und mit wie viel Personal produziert werde.[245] Nach Auffassung des Gerichts waren die längeren Kündigungsfristen jedoch nicht von einer solchen Qualität, dass hierdurch die Unternehmerfreiheit in ihrem Kernbereich eingeschränkt würde. Zu der Frage, ob eine tarifvertragliche Verpflichtung zur Standorterhaltung die Unternehmerfreiheit in ihrem Kernbereich berührt, hat das Gericht nicht ausdrücklich Stellung genommen. Jedoch merkte es an, dass die Unternehmensautonomie verletzt sein könnte, wenn Tarifforderungen eine Betriebsänderung faktisch unmöglich machten.[246]

Diesen Entscheidungen ist zu entnehmen, dass dem Unternehmer die freie Entscheidung verbleiben muss, wo er in Zukunft produzieren möchte. Diese Entscheidungsfreiheit des Unternehmers darf nicht durch einen Streik mit der Zielsetzung, die Umsetzung der Entscheidung zu verhindern, beeinflusst werden. Aus den Entscheidungen geht klar hervor, dass der Unternehmer frei und autonom über die Frage des „Ob“ und „Wie“ der Produktion entscheiden können muss. Jegliche Beeinflussung dieser Entscheidungsfreiheit von „außenstehenden Dritten“ muss vermieden werden.

Obwohl es in den entschiedenen Fällen darum ging, dass die Verpflichtung zum Standorterhalt dem Unternehmer nicht durch gewerkschaftlichen Druck in Form eines Streiks aufoktroyiert werden darf, könnten möglicherweise aus diesen Entscheidungen Schlüsse für eine grundsätzliche Abwägung zwischen Unternehmerfreiheit und Tarifautonomie, unabhängig von einem etwaigen Streikdruck, gezogen werden. Dazu wird in diesem Kapitel unter cc) näher Stellung genommen.

245 LAG Schleswig-Holstein, Urteil vom 27.3.2003 – 5 Sa 137/03, NZA-RR 2003, 592, 594, bezugnehmend auf: BAG, Urteil vom 3.4.1990 – 1 AZR 123/89, BAGE 64, 284, 295 f.

246 LAG Schleswig-Holstein, Urteil vom 27.3.2003 – 5 Sa 137/03, NZA-RR 2003, 592–597.

bb) Meinungsstand im Schrifttum

Die Literatur ist sich über die Zulässigkeit tarifvertraglicher Regelungen zur Standortsicherung uneinig.

Gewichtige Stimmen lassen die Zulässigkeit tarifvertraglicher Regelungen zur Beschäftigungssicherung bereits daran scheitern, dass – so *Löwisch* – „die – Art. 9 Abs. 3 GG konkretisierende – Tarifmacht nach § 1 Abs. 1 TVG auf die Regelung der Arbeitsverhältnisse bezogen ist. Sie ist kollektives Arbeitnehmerschutzrecht gegenüber unternehmerischen Entscheidungen, ein Recht zur Teilhabe an der unternehmerischen Entscheidung selbst begründet sie nicht. Sie erstreckt sich deshalb, was die repressive Beschäftigungssicherung angeht, von vornherein nicht auf die unternehmerische Entscheidung zur Betriebsänderung und damit auf einen Personalabbau als solchen, sondern nur auf deren Vollzug in den Arbeitsverhältnissen, also auf Voraussetzung und Modalitäten von Entlassungen und auf Ausgleichsmaßnahmen, die der Abwendung von Nachteilen dienen, welche mit Entlassungen verbunden sind".[247]

Wiedemann ist der Ansicht, dass ein Tarifvertrag zumindest die sozialen Folgen einer unternehmerischen Maßnahme regeln könne. In der Gemengelage unternehmerischer und sozialer Gesichtspunkte müsse eine Interessenabwägung zwischen Unternehmens- und Tarifautonomie stattfinden.[248]

Gamillscheg will die Entscheidung über die Stilllegung des Betriebes der freien Entscheidung des Unternehmers überlassen. Diese könne jedenfalls nicht durch Streik verhindert werden. Allerdings lässt er freiwillige Tarifverträge über Betriebsstilllegungen zu. Diese würden nicht an den Grenzen der Tarifmacht scheitern.[249]

Am weitesten geht die Auffassung, die Tarifverträge zur Verhinderung von Betriebsstilllegungen nicht nur für zulässig, sondern auch durch Streik erzwingbar ansieht. *Schiek* führt hierzu aus:

„Der Verzicht auf eine Bindung der Tarifparteien an die Grundrechte der Arbeitgeber aus Art. 12 Abs. 1 GG führt auch dazu, dass ergänzende (Firmen-) Tarifverträge zur Standortsicherung unter all den o. g. Aspekten zulässig sind (und erstreikt werden können), ohne dass es einer Abwägung im „Spannungsdreieck" zwischen Tarifautonomie – Unternehmensautonomie – Arbeitnehmerinteressen" bedarf, für die justitiable Maßstäbe zu finden so gut wie unmöglich ist".[250]

---

247 *Löwisch,* DB 2005, 554, 556.

248 Wiedemann-*Wiedemann*, TVG, Einl. Rn. 459.

249 *Gamillscheg,* Kollektives Arbeitsrecht I, 345 ff.

250 Däubler-*Schiek*, TVG, Einl. Rn. 773.

cc) Eigener Lösungsansatz

Die Unternehmerfreiheit schützt als Teilaspekt der Berufsausübungsfreiheit nach Art. 12 Abs. 1 GG das Recht des Arbeitgebers, darüber zu entscheiden, was, wo und wie viel er produzieren möchte.[251] Kann der Arbeitgeber aufgrund einer tarifvertraglichen Verpflichtung für einen bestimmten Zeitraum darüber nicht mehr frei und eigenverantwortlich entscheiden, ist ihm wichtiger Teilaspekt seiner Unternehmerfreiheit, nämlich die Produktionsfreiheit, entzogen. Darin liegt ein intensiver Eingriff in seine grundrechtlichen Positionen. Darüber hinaus ist der Unternehmer auch in seiner Wettbewerbsfreiheit eingeschränkt, da er durch die unterbliebene Standortverlagerung möglicherweise Wettbewerbsnachteile erleidet.

Die Intensität der Eingriffe erfordert die Klärung der Frage nach dem Zweck, der durch den Eingriff erreicht werden soll. Dass die Gewerkschaften mit der Forderung nach einem Standorterhalt das Interesse der Arbeitnehmer am Erhalt ihrer Arbeitsplätze verfolgen und dies durch eine tarifliche Verpflichtung des Arbeitgebers sichern wollen, liegt auf der Hand. Mit der Verpflichtung zur Standortsicherung sollen die sozialen Nachteile einer Standortverlagerung vermieden werden. Darüber hinaus soll der Arbeitslosigkeit der betroffenen Arbeitnehmer vorgebeugt werden. Insbesondere die Gewerkschaften nehmen damit den aus Art. 9 Abs. 3 GG resultierenden Auftrag der Tarifautonomie, „die strukturelle Unterlegenheit der einzelnen Arbeitnehmer beim Abschluss von Arbeitsverträgen durch kollektives Handeln auszugleichen und damit ein annähernd gleichgewichtiges Aushandeln der Löhne und Arbeitsbedingungen zu ermöglichen"[252], wahr. Fraglich ist indes nur, ob diese Interessen den Eingriff in das Recht des Unternehmers auf autonome Entscheidungen über das Ob und Wie der Produktion rechtfertigen können.

Zunächst ist daher zu klären, ob beschäftigungspolitische Ziele einen Eingriff in die Berufsfreiheit des Arbeitgebers rechtfertigen können.

Ein solches beschäftigungspolitisches Mandat der Tarifvertragsparteien wird zum Teil verneint. Jedenfalls genügten beschäftigungspolitische Ziele nicht, einen Eingriff in die Unternehmerfreiheit zu rechtfertigen.[253]

Das BAG hat jedoch in seiner Entscheidung vom 28.6.2001 ausgeführt, dass tarifvertragliche Normen, die beschäftigungssichernde Auswirkungen auf die Arbeitsverhältnisse der tarifgebundenen Arbeitnehmer haben, von den Tarifvertragsparteien zulässigerweise getroffen werden können.[254] So vertritt auch ein

251 Siehe: Teil 2, B I 2, S. 60 ff.

252 BVerfG, Beschluss vom 26.6.1991 – 1 BvR 779/85, BVerfGE 84, 212, 229.

253 Vgl.: *Picker*, ZfA 1998, 573, 712; *Rieble*, ZTR 1993, 54, 57; *ders.*, ZfA 2004, 1, 8.

254 BAG, Urteil vom 28.6.2001 – 6 AZR 114/00, BAGE 98, 175, 188 ff.

Großteil des Schrifttums die Auffassung, dass die Verhinderung von Arbeitslosigkeit und die Sicherung der Beschäftigung eine wesentliche, vielleicht die zentrale Aufgabe des Arbeitsrechts ist.[255]

Es entspricht auch der Praxis, dass Tarifvertragsparteien beschäftigungspolitische Ziele im Rahmen der tarifvertraglichen Gestaltung verfolgen. Zu denken ist hier an Regelungen zur Verkürzung der Wochenarbeitszeit[256] oder tarifvertragliche Vorschriften zur Übernahme von Auszubildenden. Auch das historische Verständnis der Tarifautonomie spricht dafür, den Tarifvertragsparteien nicht zu verwehren, beschäftigungspolitische Ziele zu verfolgen. Das Anliegen der Tarifautonomie war es stets, Beschäftigung zu sichern.[257] Insofern kann die Zulässigkeit einer tarifvertraglichen Standortgarantie nicht mit dem Argument verneint werden, den Tarifvertragsparteien fehle das beschäftigungspolitische Mandat.

Jedoch sprechen andere gewichtige Gründe für die Unzulässigkeit des Eingriffs in die Unternehmerfreiheit durch eine tarifliche Regelung zur Standortsicherung.

Vergleicht man beispielsweise die Auswirkungen einer Betriebsverlagerung ins Ausland mit denen einer Betriebsstilllegung, sind keine gravierenden Unterschiede festzustellen. In beiden Fällen werden die Arbeitnehmer in der Regel ihre Arbeitsplätze verlieren. Das Ansinnen der Tarifvertragsparteien, diese Folgen zu verhindern, resultiert in beiden Fällen aus den gleichen Motiven. Jedoch wird kaum vertreten werden können, dass dem Unternehmer durch einen Tarifvertrag untersagt werden kann, seinen Betrieb stillzulegen und damit seinen Beruf gänzlich aufzugeben oder nicht. Dieser Eingriff in die Berufsfreiheit des Unternehmers wäre unzulässig und könnte nicht mit entgegenstehenden Interessen der Arbeitnehmerschaft gerechtfertigt werden.[258] Ebenso verhält es sich mit den Auswirkungen einer Betriebsverlagerung ins Ausland. Die Vermeidung dieser Verlagerung stellt zwar ein Motiv für eine tarifliche Regelung zur Standorterhaltung dar, rechtfertigt aber den Eingriff in die Unternehmerfreiheit nicht. Dem Unternehmer verbliebe nicht mal ein Rest an unternehmerischer Entscheidungsfreiheit, würde ihm durch eine tarifliche Regelung verwehrt, über eine solche Verlagerung autonom zu disponieren. Darüber hinaus steht die Arbeitnehmerseite im Falle einer Betriebsstilllegung bzw.- verlagerung nicht mittellos da, da sie jedenfalls die sozialen Nachteile, die für die Arbeitnehmer entstehen, abmildern kann, siehe §§ 111, 112 BetrVG.

---

255 Vgl.: *Hanau,* Gutachten zum 63. Juristentag, C 1-C 92.

256 Ausführlich dazu: *Waltermann,* NZA 1991, 754–760.

257 *Zachert,* DB 2001, 1198, 1199.

258 So auch: *Olschewski,* Standorterhaltung und Arbeitskampf, 187.

Auch der Einwand, dass eine Betriebsverlagerung Kosteneinsparungen bringen soll, die auf dem Rücken der Arbeitnehmer ausgetragen werden[259], kann nicht zur Rechtfertigung des Eingriffs in die Unternehmensautonomie herangezogen werden. Es entspricht nicht Sinn und Zweck der grundrechtlich gewährleisteten Berufsfreiheit, das Motiv, welches hinter einer unternehmerischen Entscheidung steht, zu hinterfragen und zu bewerten. Zudem muss der Aspekt der Kosteneinsparung nicht immer das alleinige oder maßgebliche Motiv des Arbeitgebers sein. Denkbar wären auch infrastrukturelle Motive, Vorgaben von Kunden sowie gewerberechtliche oder kartellrechtliche Aspekte. Die Reichweite des Grundrechtsschutzes ergibt sich nicht aus den Zielen, die mit der Berufsausübung verfolgt werden. Eine Grenze könnte möglichweise nur dann gezogen werden, wenn rechts- oder verfassungswidrige Ziele hinter einer unternehmerischen Entscheidung stehen.[260]

Darüber hinaus kann zur Rechtfertigung des Eingriffs in die Unternehmerfreiheit auch nicht auf den Grad des personalen Bezugs der Berufsfreiheit nach Art. 12 Abs. 1 GG zurückgegriffen werden. So wird in der Literatur zum Teil vertreten, dass in Bezug auf die Zulässigkeit des Eingriffs in die Unternehmerfreiheit zwischen Groß- und Kleinunternehmen differenziert werden müsse, da bei Großunternehmen lediglich ein Eingriff in die Berufsausübungsfreiheit vorliege, während bei Kleinunternehmen die Ausübung der Berufswahlfreiheit betroffen sei.[261] Ein Rückgriff auf die dahinter stehende Drei-Stufen-Theorie kann bei der Abwägung der Tarifautonomie mit der Berufsfreiheit nicht die gewünschte Lösung erzielen, zumal die Drei-Stufen-Theorie für Grundrechtseingriffe durch den Staat entwickelt wurde.[262] Zudem stellt sich hier die Problematik, wo die Grenze zwischen einem Eingriff in die Berufsausübungsfreiheit und einem Eingriff in die Berufswahlfreiheit zu ziehen ist. Die Frage, ob ein „Großunternehmen" oder ein „Kleinunternehmen" vorliegt, wird nicht immer klar zu beurteilen sein. Insofern sind allein die „Größe" des Unternehmens und der daraus resultierende personale Bezug nicht als Abwägungskriterium heranzuziehen.

Der Rechtsprechung des LAG Schleswig-Holstein[263] und des LAG Hamm[264] ist insofern zu folgen, als dem Unternehmer die Entscheidung über die Fortführung des Betriebes überhaupt oder über den Erhalt des Standorts zur freien Verfügung stehen muss. Dieser Bereich unternehmerischer Betätigung muss frei von der Einflussnahme Dritter bleiben. Der Entschluss, überhaupt zu produzieren und

259 Vgl. hierzu: *Krause,* Standortsicherung und Arbeitsrecht, 100 ff.

260 siehe: *Kalb,* RdA 2007, 188, 189.

261 Näher dazu: *Krause,* Standortsicherung und Arbeitsrecht, 96 ff.

262 *Krause,* Standortsicherung und Arbeitsrecht, 96 ff.

263 LAG Schleswig-Holstein, Urteil vom 27.3.2003 – 5 Sa 137/03, NZA-RR 2003, 592, 594 f.

264 LAG Hamm, Urteil vom 31.5.2000 – 18 Sa 858/00, NZA-RR 2000, 535, 537.

auch an welchem Ort, stellt die Bedingung dar, unter welcher abhängige Arbeit geleistet wird. Diese Grundentscheidung kann dem Unternehmer nicht vorgegeben werden.

Es ist demnach davon auszugehen, dass eine tarifvertragliche Zusicherung, den Standort am bisherigen Ort dauerhaft oder für einen bestimmten Zeitraum zu erhalten, grundsätzlich nicht mit der Unternehmerfreiheit des Arbeitgebers in Einklang zu bringen ist und insofern die Tarifautonomie hinter die unternehmerische Freiheit des Arbeitgebers zurücktreten muss.

b) Zeitarbeitsquote

Die Frage, ob eine tarifliche Quotierung des Einsatzes von Zeitarbeitnehmern im Entleiherbetrieb die Unternehmerfreiheit unangemessen beeinträchtigt, soll nachfolgend erörtert werden.

aa) Meinungsstand

Bisher wenig diskutiert wurde in der arbeitsrechtlichen Literatur die Frage, ob eine tarifvertragliche Begrenzung der Zeitarbeit im Entleiherbetrieb in Form einer Quote, gemessen an der Stammbelegschaft, zulässig ist. *Thüsing*[265] und *Däubler*[266] sind jedenfalls der Auffassung, dass der tariflichen Begrenzung des Einsatzes von Zeitarbeitnehmern im Entleiherbetrieb keine rechtlichen Bedenken entgegenstehen. *Thüsing* führt dazu folgendes aus:

„Möglich erscheint eher die Festlegung von Voraussetzungen für den Einsatz von Leiharbeitnehmern sowie Quotierungen bezüglich des Anteils der Leiharbeitnehmer an der Gesamtbelegschaft. Hier dürfte es sich regelmäßig um Betriebsnormen handeln. Ihrer Wirksamkeit stehen keine Bedenken entgegen. Es handelt sich nicht um einen Kernbereich unternehmerischer Entscheidung“.[267]

Die Rechtsprechung hat sich bisher zur Zulässigkeit einer tariflichen Quote hinsichtlich des Einsatzes von Zeitarbeitnehmern im Entleiherbetrieb nicht geäußert.

bb) Eigener Lösungsansatz

Nicht entgegen halten kann man der Zulässigkeit einer tarifvertraglichen Beschränkung des Einsatzes von Zeitarbeitnehmern in Gestalt einer Betriebs-

---

265 Thüsing/Braun-*Thüsing*, Tarifrecht, 347 ff.

266 Däubler-*Hensche*, TVG, § 1 Rn. 793.

267 Mit weiteren Nachweisen: Thüsing/Braun-*Thüsing*, Tarifrecht, 347 ff.

norm, dass es sich um einen unzulässigen Vertrag zu Lasten Dritter handle. Im Gegensatz zu einer schuldrechtlichen Verpflichtung zum Standorterhalt ist es dem normativen Teil eines Tarifvertrages immanent, dass er die Tarifgebundenen normativ und zwingend bindet, § 4 Abs. 1 S. 2 TVG. Dies geschieht aufgrund gesetzlicher Anordnung und ist insofern zulässig.[268]

Wie bereits ausgeführt, ist die Unternehmerfreiheit als Teil der Berufsfreiheit ebenso verfassungsrechtlich garantiert wie die Tarifautonomie.[269] Die Ausübung des einen Grundrechtes darf nicht dazu führen, dass das andere leerläuft, d. h. der Kern des Grundrechtes muss jeweils erhalten bleiben.[270] So gehört es zum unantastbaren Kernbereich der Unternehmerfreiheit, dass der Arbeitgeber frei darüber entscheiden kann, welche Geld- und Sachmittel zu welchem Zweck ausgegeben und ob, was und wo und mit wie viel Personal hergestellt wird.[271]

Misst man eine tarifvertragliche Zeitarbeitsquote an diesen Grundsätzen, ist fraglich, ob der Arbeitgeber trotz einer derartigen Regelung noch in der Lage wäre, frei darüber zu entscheiden, wie viel Personal er zur Erreichung seines Unternehmensziels einsetzen möchte. Hat der Unternehmer eine Auftragsspitze abzudecken und kann er dies nicht wie gewünscht mit Zeitarbeitnehmern erledigen, muss er zwangsläufig auf andere Alternativen des Personaleinsatzes zurückgreifen. Zur Verfügung stehen ihm hierbei entweder die Neueinstellung von Arbeitnehmern, die Anordnung von Überstunden oder die Fremdvergabe des Auftrages. Zu guter Letzt, wenn alle Möglichkeiten ausgeschöpft sind, bleibt dem Arbeitgeber nur die Ablehnung des Auftrages. Muss der Arbeitgeber aufgrund des Verbotes, Zeitarbeitnehmer einzusetzen, auf eine Alternative in Bezug auf den Personaleinsatz zurückgreifen, dann ist er erheblich in seiner unternehmerischen Entscheidungsbefugnis eingeschränkt. Die Tarifvertragsparteien üben damit nicht unerheblichen Einfluss auf die Personalentscheidungen des Unternehmers aus.

Dagegen kann angeführt werden, dass auch dem Betriebsrat als Kollektivorgan, welches nicht an der Unternehmensführung beteiligt ist, in Bezug auf den Einsatz von Zeitarbeitnehmern im Betrieb bestimmte Beteiligungsrechte zustehen und er daher an Personalentscheidungen des Unternehmers mit beteiligt ist. Insbesondere ist der Betriebsrat beim Einsatz jedes einzelnen Zeitarbeitnehmers im Rahmen des § 99 BetrVG i. V. m. § 14 Abs. 3 AÜG zu unterrichten.[272] Ihm steht ein Zustimmungsverweigerungsrecht zur geplanten personellen Maßnahme

---

268 Vgl.: *Olschewski,* Standorterhaltung und Arbeitskampf, 156.

269 Siehe: Teil 2, B I, S. 59 ff.

270 Vgl.: BAG, Urteil vom 3.4.1990 – 1 AZR 123/89, BAGE 64, 284, 295 ff.

271 LAG Schleswig-Holstein, Urteil vom 27.3.2003 – 5 Sa 137/03, NZA-RR 2003, 592, 594, bezugnehmend auf: BAG, Urteil vom 3.4.1990 – 1 AZR 123/89, BAGE 64, 284, 295 f.

272 So bereits: BAG, Beschluss vom 14.5.1974 – 1 ABR 40/73, BAGE 26, 149, 154 ff.

zu, wenn einer der in § 99 Abs. 2 BetrVG normierten Gründe vorliegt. Insofern ist das Mitbestimmungsrecht des Betriebsrates auf die gesetzlichen Zustimmungsverweigerungsgründe beschränkt. Allerdings kann der Arbeitgeber beantragen, die verweigerte Zustimmung des Betriebsrates durch das Arbeitsgericht ersetzen zu lassen, falls er das Bestehen von Zustimmungsverweigerungsgründen in Abrede stellt.

Die gesetzlich geregelte Beteiligung des Betriebsrates im Rahmen des Einsatzes von Zeitarbeitnehmern ist somit im Kern eine andere als bei einer tariflichen Reglementierung der Zeitarbeit. Geht es bei ersterer v. a. um den gesetzlich anerkannten Schutz der Stammbelegschaft, steht bei zweiterer in der Regel eine „politische" Frage im Vordergrund. Die Gewerkschaften haben nämlich in den vergangenen Jahren das Thema „Leiharbeit" zunehmend als Handlungsfeld im Kampf gegen „prekäre Beschäftigung" identifiziert. Folgerichtig wurden beispielsweise in der Tarifrunde der M+E Industrie 2012 tarifliche Regelungen zur Reglementierung der Zeitarbeit in den tarifgebundenen Betrieben als ein Bestandteil des Forderungspakets erhoben.[273] Darüber hinaus kann der Betriebsrat durch die gesetzlichen Beteiligungsrechte den Einsatz von Zeitarbeitnehmern letztlich nicht verhindern, wenn der Arbeitgeber alle gesetzlichen Vorschriften beachtet; eine tarifvertragliche Begrenzung der Zeitarbeit wäre hingegen ein geeignetes Mittel, das Ansinnen auch praktisch durchzusetzen.

Zu hinterfragen ist daher in Bezug auf die Möglichkeit der tariflichen Reglementierung von Zeitarbeit, ob grundrechtlich geschützte Positionen die Freiheit des Unternehmers, über den Personaleinsatz zu entscheiden, überwiegen. Zu untersuchen ist also, welchen Zweck eine derartige tarifliche Regelung verfolgt.

Tarifliche Quoten in Bezug auf den Einsatz von Zeitarbeitnehmern regeln die Zusammensetzung der Belegschaft im weiteren Sinne. Sie sind damit vergleichbar mit Besetzungsregeln. Besetzungsregeln – wie beispielsweise qualitative Besetzungsklauseln in der Druckindustrie oder Lehrlingsskalen – sollten in der Regel die eigene Arbeitnehmerschaft vor Gefahren schützen, die von anderen Arbeitnehmern oder gar dem Arbeitgeber selbst ausgingen.[274] Zu überlegen ist, ob ähnliche Erwägungen auch bei tariflichen Zeitarbeitsquoten in Betracht kommen.

Möglicherweise könnte die Begrenzung der Zeitarbeit dem Überforderungsschutz der Stammbelegschaft dienen. Da Zeitarbeitnehmer in der Regel nicht so

---

273 Homepage der IG Metall Baden-Württemberg, abrufbar unter: http://www.bw.igm.de/news/meldung.html?id=50520, (letzter Aufruf: 14.1.2013).

274 BAG, Beschluss v. 26.4.1990 – 1 ABR 84/87, BAGE 64, 368, 378; BAG, Beschluss vom 22.11.1991 – 1 ABR 19/90, NZA 1991, 675, 676; BAG, Beschluss vom 18.3.2008 – 1 ABR 81/06, BAGE 126, 176, 184; LAG Düsseldorf, Urteil vom 19.9.1960 – 1 Sa 300/60 – AP Nr. 1 zu § 4 TVG Lehrlingsskalen.

lange im Betrieb eingesetzt werden wie Stammarbeitnehmer, könnte es erforderlich sein, dass Stammarbeitnehmer vermehrt mit Einarbeitungsaufgaben betraut werden müssen und dadurch stärker belastet werden. Allerdings werden Zeitarbeitnehmer häufig mit Anlerntätigkeiten beschäftigt oder es wird über die angefragten Profile das Vorhandensein bestimmter Qualifikationen von vornherein vorausgesetzt. In der Praxis sind daher beim Einsatz von Zeitarbeitnehmern umfangreichere Einarbeitungsprozesse in der Regel wohl nicht erforderlich. Eine Überforderung der Stammarbeitnehmer ist daher schon aus diesem Grund nicht ersichtlich. Darüber hinaus würden auch sonstige Arten des Personaleinsatzes nicht zu einer geringeren Beanspruchung der Stammbelegschaft führen. Würde der Arbeitgeber zur Abarbeitung von Produktionsspitzen statt Zeitarbeitnehmern eigene Arbeitnehmer neu einstellen, würde dies zu vergleichbaren Einarbeitungsmaßnahmen führen.

Ein weiterer Zweck könnte darin liegen, dass die Quotierung der Zeitarbeit dem Bestandsschutz der Stammbelegschaft dienen soll. Eine Gefahr, dass die Stammbelegschaft durch den Einsatz von Zeitarbeitnehmern ausgetauscht wird, ist jedoch nicht gegeben. Der Arbeitgeber kann keinen Stammarbeitnehmer kündigen, um den Arbeitsplatz mit einem Zeitarbeitnehmer zu besetzen. Die Rechtsprechung versteht dies als unzulässige Austauschkündigung.[275]

In der Praxis ist festzustellen, dass die Gewerkschaften mit der Begrenzung der Zeitarbeit politische Ziele verfolgen. Die Gewerkschaften halten die Zeitarbeitsverhältnisse für „prekäre Beschäftigungsverhältnisse“, deren Nutzung rechtlich begrenzt und tariflich eingeschränkt werden müsse. So fordert beispielsweise die IG Metall, dass für den Einsatz eines Zeitarbeitnehmers eine Höchstüberlassungsdauer festgelegt werden müsse. Darüber hinaus dürfe vom Grundsatz „Equal Pay“ nicht abgewichen werden.[276] Ob die Verfolgung derartiger politischer Ziele allerdings einen Eingriff in die Unternehmerfreiheit rechtfertigen, ist im Ergebnis abzulehnen.

Zwar könnte der Arbeitgeber theoretisch nach und nach Stammbelegschaft reduzieren und durch Zeitarbeitnehmer ersetzen, indem er frei werdende Arbeitsplätze nur noch mit Zeitarbeitnehmern besetzt. Dies wird in der Praxis in der Regel aber nicht geschehen und stellt darüber hinaus keinen rechtlich unzulässigen Vorgang dar. Die Entscheidung, ob der Arbeitgeber neu entstehende oder frei werdende Arbeitsplätze mit Stammarbeitnehmern besetzt oder mit Zeitarbeitnehmern oder möglicherweise gar nicht, ist gerade Ausdruck seiner unternehmerischen Freiheit. Die Betriebs – bzw. Belegschaftsgröße, d. h. mit wie viel Per-

---

275 BAG, Urteil vom 26.9.1996 – 2 AZR 200/96, BAGE 84, 209, 212 ff.

276 Positionspapier der IG Metall, September 2009, abrufbar unter: http://www.igmetall.de/cps/rde/xchg/internet/style.xsl/aktuelle-positionen-der-ig-metall-1740.htm, (letzter Aufruf am 14.1.2013).

sonal bzw. Fremdpersonal der Arbeitgeber produzieren möchte, ist also gerade nicht tariflich regelbar. Der Arbeitgeber entscheidet hierüber allein.

Letztendlich kommt man nach Abwägung der grundrechtlich geschützten Unternehmerfreiheit mit der ebenfalls grundrechtlich geschützten Betätigungsfreiheit der Koalitionen zu dem Ergebnis, dass die Unternehmerfreiheit im Fall einer Begrenzung der Zeitarbeit in Form einer Quote höher zu werten ist als die Tarifautonomie.

IV. Zwischenergebnis

Es ist festzuhalten, dass eine tarifvertragliche Verpflichtung des Arbeitgebers, den bisherigen Standort dauerhaft oder für einen bestimmten Zeitraum zu erhalten, unzulässig in die durch Art. 12 Abs. 1 GG geschützte Berufsfreiheit des Arbeitgebers eingreift. Ebenso verhält es sich mit einer Quote der im Betrieb eingesetzten Zeitarbeitnehmer, die einen bestimmten Prozentsatz der Stammarbeitnehmer nicht überschreiten darf. Die Unternehmerfreiheit des Arbeitgebers überwiegt in beiden Fällen die Tarifautonomie der Tarifvertragsparteien.

Das Problem der dargestellten Grundrechtskollisionen kommt allerdings dann nicht zum Tragen, wenn die Tarifvertragsparteien auf die Ausübung ihrer Grundrechte verzichten. Es stellt sich daher die an die These *Gamillschegs* angelehnte Frage, ob nicht durch freiwillige Tarifverträge, die nicht erstreikt werden können, derartige Regelungen möglich sind.[277] So könnte der Arbeitgeber als Tarifvertragspartei möglicherweise durch einen Haustarifvertrag auf seine Unternehmerfreiheit verzichten. Eine Kollision zwischen Tarifautonomie und Unternehmerfreiheit würde dadurch entfallen. Eine Abwägung der Grundrechtspositionen im Wege der praktischen Konkordanz würde entbehrlich. Dies gilt es nachfolgend zu untersuchen.

D. Haustarifvertrag als „Belastungseinwilligung" – Zulässiger Grundrechtsverzicht bzw. Ausübung der Unternehmerfreiheit?

Im Gegensatz zum Verbandstarifvertrag ist der Arbeitgeber beim Abschluss eines Haustarifvertrages selbst Tarifvertragspartei. Er handelt beim Vertragsschluss selbständig und eigenverantwortlich. Insofern weiß er um die Belastung, die durch den Tarifvertrag auf ihn zukommt.

277 *Gamillscheg*, Kollektives Arbeitsrecht I, 345 f.

Es stellt sich daher die Frage, ob der Arbeitgeber als Tarifvertragspartei auf seinen Grundrechtsschutz wirksam verzichten und damit in einen für ihn „belastenden“ Tarifvertrag einwilligen kann. Eine Einwilligung bzw. ein Verzicht würde den Eingriff in das Grundrecht entfallen lassen und insofern einen Ausgleich der kollidierenden Grundrechtspositionen entbehrlich machen. Zu untersuchen ist daher, ob der Abschluss eines „belastenden“ Haustarifvertrages als wirksamer Grundrechtsverzicht qualifiziert werden kann.

I. Begriffsbestimmung

Ein Grundrechtsverzicht ist die Einwilligung eines Grundrechtsträgers in konkrete Eingriffe und Beeinträchtigungen grundrechtlich geschützter Positionen.[278] Die hauptsächliche Problematik beim Grundrechtsverzicht liegt bei der Frage nach der individuellen Verfügbarkeit von Grundrechtspositionen.[279]

Weitgehende Einigkeit besteht darüber, dass die Verfügung über Grundrechtspositionen eine wesentliche Form des Grundrechtsgebrauchs ist.[280] Der Grundrechtsgebrauch darf grundsätzlich, abgesehen von Ausnahmen zum Schutz des einzelnen Grundrechtsträgers oder der Allgemeinheit, nicht beschränkt sein.[281] Ein Grundrechtsverzicht ist unter Zugrundelegung dieser Ansicht daher als Ausübung des jeweiligen Grundrechts zu verstehen. Verzichtet der Unternehmer auf seine Berufsausübungsfreiheit, liegt darin gleichzeitig eine Ausübung derselben.

Obgleich der Begriff „Grundrechtsverzicht“ nicht immer stringent verwendet wird, hat er sich eingebürgert. Er soll daher auch im Rahmen der nachfolgenden Untersuchung verwendet werden.

1. Nichtausübung von Grundrechten

Nicht zu verwechseln mit dem rechtlich relevanten Grundrechtsverzicht ist die bloße Nichtausübung von Grundrechten. Wenn eine Person beispielsweise ihre Meinung nicht äußert, dann macht sie von ihrem Grundrecht keinen Gebrauch. Sie kann es aber jederzeit wieder tun. Bei der Nichtausübung von Grundrechten

278 v. Mangoldt/Klein/Starck-*Starck*, GG, Vorb. Art. 1–19 Rn. 261.

279 Sachs-*Sachs*, vor Art. 1 Rn. 55; *Stern*, Das Staatsrecht der Bundesrepublik Deutschland Bd. III/2, § 86 II 4.

280 BVerfG, Urteil vom 15.1.1958 – 1 BvR 400/51, BVerfGE 7, 198 ff., welches sowohl zur objektiven Funktion als auch zur subjektiven Abwehrfunktion Ausführungen macht; *Bleckmann*, JZ 1988, 57, 58; *Robbers*, JuS 1985, 925 f.; Sachs-*Sachs*, GG vor Art. 1 Rn. 57.

281 Erfurter Kommentar-*Dieterich*, GG, Einl. Rn. 63; mit weiteren Nachweisen zum Streitstand: *Stern*, Das Staatsrecht der Bundesrepublik Deutschland, Bd. III /2, § 86 I 5.

bleibt der Grundrechtsberechtigte Inhaber des Rechts und die Befugnis zur Ausübung bleibt bestehen.[282] Die Nichtausübung von Grundrechten hindert rechtlich nicht daran, das Grundrecht aber wieder jederzeit erneut geltend zu machen.[283]

2. Grundrechtsausübungsverzicht

Verzichtet der Grundrechtsträger nicht auf sein Grundrecht als solches, sondern auf die Ausübung oder Geltendmachung für einen bestimmten Zeitraum oder in einem konkreten Fall, liegt ein sog. Grundrechtsausübungsverzicht vor. Der Grundrechtsträger bleibt Inhaber des Grundrechts, kann es lediglich nicht geltend machen.[284]

Durch den Abschluss eines Haustarifvertrages, der den Arbeitgeber in seiner grundrechtlich geschützten Unternehmerfreiheit beeinträchtigt, wie beispielsweise beim Haustarifvertrag zur Standortsicherung, willigt der Arbeitgeber ein, für einen bestimmten Zeitraum auf sein Recht zur autonomen Entscheidung über die Aufrechterhaltung der Produktion an dem bestehenden Standort zu verzichten. Er will sich dadurch jedoch nicht komplett seines Grundrechtsschutzes entledigen. Er verpflichtet sich lediglich vertraglich, für einen bestimmten Zeitraum von seiner Unternehmerfreiheit keinen Gebrauch zu machen. Insofern liegt hier, sowie im Fall einer tarifvertraglichen Zeitarbeitsquote, ein Grundrechtsausübungsverzicht in Form einer vertraglichen Bindung vor.

3. Grundrechtsverzicht im engeren Sinn

Der Grundrechtsverzicht im engeren Sinn beinhaltet einen völligen Grundrechtsverlust. Der Verzicht auf die Grundrechtsfähigkeit oder auf die Fähigkeit, Träger eines bestimmten Grundrechtes zu sein, ist nach überwiegender Ansicht nicht zulässig und daher für die Untersuchung nicht von Relevanz.[285]

4. Verzicht auf staatliche Schutzpflicht

Grundrechte sind nach allgemeiner Ansicht nicht als reine Abwehrrechte gegen den Staat zu werten, sondern entfalten auch im Privatrechtsverkehr aufgrund ihrer Schutzpflichtfunktion Wirkung.[286] Insbesondere im Tarifvertragsrecht erfolgt der Grundrechtseingriff nicht unmittelbar durch den Staat, sondern durch

282 BVerfG, Beschluss vom 7.5.1953 – 1 BvL 104/52, BVerfGE 2, 266, 273.
283 Handbuch der Grundrechte-*Merten*, Bd. III, § 73 Rn. 3.
284 Handbuch der Grundrechte-*Merten*, Bd. III, § 73 Rn. 24.
285 Maunz/Dürig-*Di Fabio*, GG, Art. 2 Abs. 1 Rn. 229.
286 BVerfG, Urteil vom 15.1.1958 – 1 BvR 400/51, BVerfGE 7, 198, 205.

die Tarifvertragsparteien. Daher kann der Unternehmer bei einem bevorstehenden Grundrechtseingriff durch die Tarifvertragsparteien auch nicht unmittelbar gegenüber dem Staat auf seine grundrechtliche Position verzichten. Da die Schutzpflichtfunktion der Grundrechte aber ein Eingreifen des Staates erfordert, wenn es zu einer unverhältnismäßigen Beeinträchtigung grundrechtlicher Positionen der Tarifgebundenen kommt[287], stellt sich die generelle Frage, ob die Tarifgebundenen auf dieses schützende Eingreifen des Staates verzichten können. Diese Frage ist sowohl in der arbeitsrechtlichen als auch verfassungsrechtlichen Literatur wenig erörtert.

In Bezug auf den Grundrechtsausübungsverzicht im Privatrecht wird zum Teil vertreten, dass es mangels unmittelbarer Drittwirkung schon an einem Verzicht auf die Ausübung von Grundrechten fehle. Es sei nur im Rahmen des Zivilrechts zu prüfen, ob Vereinbarungen im Einzelfall gegen die guten Sitten verstießen oder widerrechtlich seien.[288]

Andere Stimmen in der Literatur sind zum Teil der Ansicht, der Verzicht auf die staatliche Schutzpflicht könne sogar weiter gehen als der Grundrechtsverzicht direkt gegenüber dem Staat.[289]

Fischinger ist der Auffassung, dass der Verzicht auf die Schutzpflicht immer dort wirksam ist, wo auch ein klassischer Grundrechtsverzicht gegenüber dem Staat wirksam wäre. Dass der Entscheidungsspielraum des Einzelnen gegenüber privaten Dritten geringer sein soll als gegenüber dem Staat, sei nicht einzusehen. Der Verzicht auf die staatliche Schutzpflicht und der klassische Grundrechtsverzicht seien gleich zu behandeln. Nur in Bezug auf die Freiwilligkeit könne ein Unterschied bestehen. Im Privatrechtsverkehr fehle es an dem klassischen „Über- und Unterordnungsverhältnis".[290]

Es erscheint einleuchtend, die Grundsätze des klassischen Grundrechtsverzichts auch auf den Verzicht auf die Schutzpflichtfunktion zu übertragen. Es sind keine Gründe ersichtlich, warum der Grundrechtsträger bei einem Eingriff in seine Grundrechte durch einen Privaten mehr oder weniger befugt sein sollte, über diese Grundrechtspositionen zu verfügen. Der Verzicht auf die staatliche Schutzpflicht ist in seinen Auswirkungen nicht vergleichbar mit der Grundrechtsbindung der Tarifvertragsparteien. Wird den Tarifvertragsparteien im Rahmen der Grundrechtsbindung ein größerer Eingriffsspielraum in Grundrechte als dem Gesetzgeber zugestanden, muss dies bei der Verfügung über grundrechtliche Positionen nicht zwingend der Fall sein. Eingriff und Verfügung sind insofern nicht vergleichbar. Die Mitglieder der Tarifvertragsparteien legitimieren diese

287 Siehe: Teil 1, D I 2, S. 43 f.

288 Handbuch der Grundrechte-*Merten*, Bd. III, § 73 Rn. 43.

289 Jarass/Pieroth-*Jarass*, Art. 1 Rn. 10; v. Mangoldt/Klein/Starck-*Starck*, Art. 1 Rn. 32.

290 *Fischinger*, JuS 2007, 808, 812.

privatautonom, die Arbeitsbedingungen für sie zu regeln. Im Rahmen dieser Legitimation geht schlechthin immer eine Beeinträchtigung der Grundrechte, insbesondere der Berufsfreiheit, einher.[291] Diese Legitimation ist aber nicht vergleichbar mit der Legitimation des Staates zu Grundrechtseingriffen durch demokratische Wahlen, da sie deutlich konkreter ist. Insofern muss zwischen Eingriffen durch den Staat und durch die Tarifvertragsparteien differenziert werden.

Eine bewusste Verfügung über grundrechtliche Positionen ist gegenüber Privaten gleich zu werten wie gegenüber dem Staat. In beiden Fällen ist sich der Verfügende bewusst, welche Grundrechte er preisgibt und gegebenenfalls wofür. Ebenso verhält es sich, wenn der Verfügende den Staat von der Schutzpflicht entbindet, dann einzugreifen, wenn es zu einer Beeinträchtigung seiner Grundrechte durch private Dritte kommt. Ein Verzicht auf die staatliche Schutzpflicht ist also immer dann wirksam, wenn auch der Verzicht auf die Abwehrfunktion gegenüber dem Staat wirksam wäre.

Im Rahmen der nachfolgenden Untersuchung soll für die Einwilligung in die Beeinträchtigung grundrechtlicher geschützter Positionen mit der Folge des Verzichts auf die staatliche Schutzpflicht der Begriff Grundrechtsverzicht verwendet werden.

II. Voraussetzungen des Grundrechtsverzichtes

1. Verzichtserklärung

Ein wirksamer Grundrechtsverzicht fordert vom jeweiligen Grundrechtsträger eine ausdrückliche oder konkludente Erklärung.[292] Der Wille des Grundrechtsträgers muss eindeutig aus der Erklärung hervorgehen und für den Empfänger erkennbar sein.[293] Darüber hinaus muss der Verzicht zeitlich vor der grundrechtsrelevanten Maßnahme erklärt werden und zum Zeitpunkt der Maßnahme noch vorliegen. Sinn und Zweck dessen ist, dass der Grundrechtsträger jederzeit Herr des Geschehens sein muss.[294] Die Einwilligung in die Grundrechtsbeeinträchtigung hat zudem ausreichend konkret zu sein, damit der Betroffene die Folgen abschätzen kann. Es ist daher nicht möglich, generell auf die Ausübung eines Grundrechts zu verzichten, sondern allenfalls auf einzelne, durch das Grundrecht geschützte Handlungsweisen.[295]

---

291 Vgl.: *Wiedemann,* RdA 1986, 231, 236.

292 Sachs-*Sachs*, GG, Vorb. Art. 1 GG Rn. 55.

293 Vgl.: Handbuch der Grundrechte-*Merten,* Bd. III, §73 Rn. 19.

294 *Fischinger,* JuS 2007, 808, 809.

295 Mit weiteren Nachweisen: Jarass/Pieroth-*Jarass*, GG, Vorb. vor Art. 1 Rn. 36 a.

Nachfolgend wird untersucht, ob der Abschluss eines „belastenden“ Haustarifvertrages diesen Voraussetzungen genügt und insofern von einer wirksamen Verzichtserklärung auszugehen ist. Vor diesem Hintergrund ist der Haustarifvertrag sowohl vom Beitritt zu einem tarifschließenden Arbeitgeberverband als auch dem firmenbezogenen Verbandstarifvertrag abzugrenzen.

a) Haustarifvertrag als Verzichtserklärung

Bei einem Haustarifvertrag handelt der Arbeitgeber autonom und unabhängig von einem Arbeitgeberverband, d. h. der Arbeitgeberverband ist nicht als Bindeglied oder Vertreter dazwischen geschaltet. Über Abschluss, Inhalt und Beendigung des Vertrages entscheidet der Arbeitgeber grundsätzlich frei von Einflüssen Dritter – lässt man den Streikdruck durch die Gewerkschaft zunächst außer Acht.

Durch den Abschluss des Haustarifvertrages zur Erhaltung des bisherigen Standortes sichert der Arbeitgeber vertraglich zu, für eine bestimmte Zeit von seinem Recht, über das Ob und Wie der Produktion zu bestimmen, keinen Gebrauch zu machen. Ebenso verhält es sich beim Haustarifvertrag zur Begrenzung der Zeitarbeit. Da es dem Arbeitgeber grundsätzlich obliegt, zu entscheiden, wie viel Personal er beschäftigt bzw. welche Art des Personaleinsatzes er wählt, verfügt er durch den Haustarifvertrag über diese Entscheidungshoheit, indem er sich Beschränkungen in Form einer Quote unterwirft.

Der Arbeitgeber bringt also in beiden Fällen durch den Vertragsabschluss ausdrücklich und zeitlich vor der relevanten Maßnahme zum Ausdruck, dass er eine Beeinträchtigung seiner geschützten Grundrechtspositionen in Kauf nehmen will. In beiden Fällen ist für die Gewerkschaft erkennbar, dass der Arbeitgeber für die Laufzeit der Tarifverträge von seiner grundrechtlich geschützten Unternehmerfreiheit keinen Gebrauch machen wird. Insofern sind diese Haustarifverträge als wirksame Grundrechtsverzichtserklärungen zu qualifizieren.

b) Abgrenzung zum Verbandsbeitritt

Im Gegensatz zum Haustarifvertrag ist der Arbeitgeber beim Verbandstarifvertrag nicht Tarifvertragspartei. Allerdings unterwerfen sich die Mitglieder durch den Verbandsbeitritt zu einem gewissen Grad der Macht des Verbandes und sind sich damit gegenwärtiger oder zukünftiger Beeinträchtigungen grundrechtlich geschützter Positionen bewusst.[296] Zu fragen ist daher, ob bereits der Beitritt zum Verband eine Verzichtserklärung darstellen kann, welche vergleichbar ist mit dem Abschluss eines „belastenden“ Haustarifvertrages. Wäre dies der Fall,

296 Vgl.: *Bayreuther,* Tarifautonomie als kollektiv ausgeübte Privatautonomie, 238 ff.

ergäben sich in Bezug auf die Reichweite der Regelungsmacht der beiden Tarifvertragsarten möglicherweise keine Unterschiede.

Mit dem Beitritt zum Verband erklären sich die Mitglieder grundsätzlich damit einverstanden, dass die Tarifvertragsparteien ihre Arbeitsbedingungen durch Tarifverträge ordnen. Die Mitglieder legitimieren den Verband zur Normsetzung.[297] Die Grundrechtspositionen der Mitglieder stehen dadurch grundsätzlich zur Disposition und fast jede tarifvertragliche Vorschrift berührt diese, allerdings in unterschiedlicher Intensität. Ob dadurch ein genereller Verzicht auf alle grundrechtlich geschützten Positionen zu sehen ist, erscheint aber fraglich. Der Verbandsbeitritt müsste insofern den strengen Anforderungen an einen wirksamen Grundrechtsverzicht genügen.

Zweifelhaft ist bereits, ob die Beitrittserklärung eine hinreichend konkrete Verzichtserklärung darstellt. Der Beitrittserklärung kann nicht entnommen werden, auf welche Grundrechtspositionen das Mitglied genau verzichten möchte. Dies ist aber für eine wirksame Verzichtserklärung notwendig. Durch den Eintritt in den Arbeitgeberverband willigt der Arbeitgeber lediglich ein, dass die Tarifvertragsparteien durch die Tarifverträge die Arbeits- und Wirtschaftsbedingungen nach Maßgabe des TVG ordnen. Dass damit auch möglicherweise Beeinträchtigungen von Grundrechten einhergehen, ist den Mitgliedern bewusst. Jedoch können sie zum Zeitpunkt des Beitritts nicht vorhersehen, welche Tarifregelungen in Zukunft auf sie zukommen werden. Darüber hinaus ist jeweils auch die zeitliche Komponente nicht überschaubar. Zum einen haben die Mitglieder der Tarifvertragsparteien nur mittelbar durch die sie vertretenden Gremien Einfluss auf die Laufzeit eines Tarifvertrages, zum anderen können sie den Tarifvertrag selbst nicht unmittelbar kündigen, da sie nicht Tarifvertragspartei sind. Eine den rechtlichen Anforderungen genügende Verzichtserklärung ist im Verbandsbeitritt somit nicht zu erkennen.[298]

Des Weiteren lässt sich ein wirksamer Grundrechtsverzicht auch deshalb nicht vertreten, weil der Beitritt zum Verband einem sog. Globalverzicht gleichen würde. Der Arbeitgeber kann im Zeitpunkt des Beitritts nicht wissen, welche Inhalte in zukünftigen Tarifverträgen geregelt werden und inwiefern diese seine Grundrechte berühren. Er würde also durch Erwerb der Mitgliedschaft von vornherein auf die Ausübung seiner Grundrechte im Ganzen verzichten. Dies ist allerdings nicht möglich.[299] Wie bereits ausgeführt, kann der Grundrechtsträger nur in bestimmte grundrechtlich geschützte Handlungsweisen einwilligen, deren Folgen er auch abschätzen kann.[300] Dies ist durch den Beitritt zum Verband aber

297 Vgl.: *Bayreuther,* Tarifautonomie als kollektiv ausgeübte Privatautonomie, 238 ff.
298 Vgl.: *Bayreuther,* Tarifautonomie als kollektiv ausgeübte Privatautonomie, 239.
299 Erfurter Kommentar-*Dieterich,* GG, Einl. Rn. 62.
300 Siehe: Teil 2, D I, S. 83 ff.

gerade nicht gegeben. Auch insofern liegt im Verbandsbeitritt keine wirksame Verzichtserklärung.

Die Frage, inwieweit der Verbandsbeitritt dennoch eine Legitimation der Tarifvertragsparteien zur tariflichen Normsetzung darstellt, ist seit jeher streitig. Offensichtlich ist jedenfalls, dass fast jede tarifliche Regelung mit einer Grundrechtsbeeinträchtigung einhergeht. Daher haben die Mitglieder die Tarifvertragsparteien jedenfalls allgemein und generell mit der umfassenden Regelung aller sie betreffenden Lohn- und Arbeitsbedingungen beauftragt.[301] Dennoch bleibt ihnen aber die Gewissheit, dass bei einem unverhältnismäßigen Eingriff in eine ihrer geschützten grundrechtlichen Positionen der Staat aufgrund der Schutzpflichtfunktion der Grundrechte korrigierend eingreifen muss. Diese Schutzpflicht stellen die Mitglieder durch den Beitritt zum Verband gerade nicht zur Disposition. Kommt es durch die Ausübung der Tarifautonomie zu einer Grundrechtskollision, wird diese im Wege der praktischen Konkordanz aufgelöst. Die Tarifgebundenen sind damit vor einer unverhältnismäßigen Beeinträchtigung ihrer Grundrechtspositionen geschützt.[302]

Anders verhält es sich beim Haustarifvertrag. Durch den Abschluss eines belastenden Haustarifvertrags willigt der Unternehmer in die Beeinträchtigung eines bestimmten Grundrechtes ein und signalisiert so, dass er das Eingreifen des Staates aufgrund seiner Schutzpflicht in diesem konkreten Fall nicht möchte. Er verzichtet somit auf die staatliche Schutzpflicht.

c) Abgrenzung zum firmenbezogenen Verbandstarifvertrag

Der Verzichtserklärung durch einen Haustarifvertrag vergleichbar könnte allenfalls der Abschluss eines firmenbezogenen Verbandstarifvertrages sein. Ebenso wie beim Haustarifvertrag ist der Geltungsbereich des firmenbezogenen Verbandstarifvertrages auf nur einen bestimmten Betrieb oder ein konkretes Unternehmen beschränkt.[303] Darüber hinaus tritt beim Abschluss desselben der Arbeitgeberverband in der Regel als Vertreter auf, der die Interessen des Unternehmers vertritt. Insofern schlägt sich der Wille des Unternehmers konkret im Tarifabschluss nieder. Die Erteilung der Vollmacht gegenüber dem Verband, den „belastenden" Tarifvertrag abzuschließen, könnte folglich als wirksame Verzichtserklärung auf die Unternehmerfreiheit gewertet werden. Als Beispiele aus

301 *Bayreuther,* Tarifautonomie als kollektiv ausgeübte Privatautonomie, 240; Erfurter Kommentar-*Dieterich,* Einl. GG Rn. 67.

302 Siehe Teil 2, C III, S. 70 ff.

303 Dazu ausführlicher: Wiedemann-*Thüsing,* TVG, § 1 Rn. 62 ff.

der Praxis können hier die Tarifverträge nach dem sog. Pforzheimer Abkommen der M+E Industrie genannt werden.[304]

Allerdings verbleibt beim firmenbezogenen Verbandstarifvertrag das Recht zur Kündigung des Tarifvertrages beim Arbeitgeberverband als Tarifvertragspartei, da der firmenbezogene Verbandstarifvertrag genau wie der Flächentarifvertrag die Qualität eines Verbandstarifvertrages aufweist.[305] Der einzelne Unternehmer ist demnach in Bezug auf die Kündigung auf den Verband angewiesen, der im Zweifel die Kündigung verweigern kann. Insofern ergibt sich hier ein Unterschied zur Stellvertretung nach dem BGB. Der Stellvertreter nach dem BGB schließt den Vertrag im Namen des Vertretenen ab.[306] Der Vertretene ist dann als Vertragspartner auch zur Kündigung berechtigt, da die Rechtsfolgen des Geschäfts unmittelbar in der Person des Vertretenen eintreten.[307] Insofern können die Regeln zur Stellvertretung nicht auf den firmenbezogenen Verbandstarifvertrag übertragen werden.

Dem Institut des Grundrechtsverzichts ist aber genau dadurch Rechnung zu tragen, dass dem Grundrechtsträger das Recht zum Widerruf der Verzichtserklärung zustehen muss.[308] Da dies im Falle des firmenbezogenen Verbandstarifvertrages nicht möglich ist, erscheint es vertretbar, bereits eine wirksame Verzichtserklärung zu verneinen.

2. Freiwilligkeit

Ob ein wirksamer Grundrechtsverzicht freiwillig sein muss, ist umstritten. Einige Stimmen in der Literatur sind der Ansicht, ein Grundrechtsverzicht müsse nicht freiwillig sein, um Wirksamkeit zu entfalten. Fehler bei der Willensbildung könnten über die allgemeinen zivilrechtlichen Vorschriften ausgeglichen werden. So liege bei vis absoluta schon keine Willenserklärung vor, bei Täuschung oder Drohung könnte die Willenserklärung angefochten werden.[309]

Anderer Auffassung nach ist ein Grundrechtsverzicht nur wirksam, wenn er freiwillig erfolgt ist. Sei dies nicht der Fall, liege ein Entzug des grundrechtlichen Schutzes vor.[310] Dies wird u. a. an dem zwischen Staat und Bürger vorhandenen

---

304 Homepage von Südwestmetall, abrufbar unter: http://www.suedwestmetall.de/swm/web.nsf/id/pa_abkommen-von-pforzheim.html, (letzter Aufruf: 14.1.2013).

305 Wiedemann-*Thüsing,* TVG, § 1 Rn. 62 ff.

306 Palandt-*Ellenberger,* Einf v. § 164 Rn. 1.

307 Palandt-*Ellenberger,* Einf v. § 164 Rn. 1.

308 *Robbers,* JuS 1985, 925, 926; *Stern,* Das Staatsrecht der Bundesrepublik Deutschland III/2, 915 f.

309 *Middel,* Öffentlich-rechtliche Willenserklärungen von Privatpersonen, 1971, 39 f., 112 f.

310 *Malorny,* JA 1974, 475 ff.

Über-Unterordnungsverhältnis festgemacht. Diese Gefährdungslage erfordere, dass positiv festgestellt werde, ob der Verzicht auf das Grundrecht freiwillig erfolgt sei. Nur so sei der Bürger besser geschützt.[311]

Letztgenannter Literaturansicht ist zu folgen. Folglich ist ein Verzicht nur dann freiwillig, wenn er nicht durch Drohung, Täuschung, Erschleichung oder Zwang zustande gekommen ist.[312] Die Freiwilligkeit bezieht sich also auf den freien Willen im rechtlichen Sinn.[313]

Fraglich ist, ob bei einem unter Streikdruck zustande gekommenen Haustarifvertrag auf den Arbeitgeber in einer solchen Weise Zwang ausgeübt wurde, dass von einem freiwilligen Tarifabschluss nicht mehr gesprochen werden kann.

Der Arbeitgeber hat im Ausgangsfall die Verpflichtung zum Erhalt des Standortes in A abgegeben, um nachteilige Folgen eines Streiks zu vermeiden. Ebenso verhält es sich beim Haustarifvertrag zur Begrenzung der Zeitarbeit. Willigt der Arbeitgeber durch den Haustarifvertrag in eine Handlung oder Maßnahme, die eine grundrechtlich geschützte Position beeinträchtigt, nur dann ein, weil er die durch den Streik entstehenden Nachteile fürchtet, beugt er sich dem Druck, den die Gewerkschaft durch den Streik ausübt. Insofern wird auf den Arbeitgeber Zwang ausgeübt, sodass dieser eine Willensentscheidung trifft, die er ohne die Zwangseinwirkung möglicherweise nicht getroffen hätte.

Im Tarifrecht sind Tarifabschlüsse, die unter Streikdruck zustande kommen, jedoch keine Seltenheit. In der Regel gehen mit Beginn einer Tarifrunde zumindest auch Warnstreiks einher. Bereits diese Warnstreiks können finanzielle Nachteile verursachen. Dies kann auf den Unternehmer möglicherweise einen derartigen Zwang ausüben, der die Freiwilligkeit in Bezug auf den Grundrechtsverzicht ausschließen könnte. Es ist daher zu prüfen, ob Tarifverträge, deren Inhalte durch einen Streik erzwungen wurden, noch freiwillig zustande gekommen sind.

Ein Tarifvertrag ist ein privatrechtlicher Vertrag[314], der auf dem allgemeinprivatrechtlichen Prinzip der Vertragsparität beruht.[315] Die Vertragsparität wird im Tarifrecht allerdings erst durch die Bereitstellung von Arbeitskampfmitteln gewährt. Insofern ist von einer relativen Freiwilligkeit im Tarifrecht auszugehen.[316] Diese relative Freiwilligkeit muss von der Freiwilligkeit im Hinblick auf einen Grundrechtsverzicht unterschieden werden. Im Bereich des Grundrechts-

311 *Fischinger,* JuS 2007, 808, 809f.

312 *Stern,* Das Staatsrecht der Bundesrepublik Deutschland III/2, § 86 6 b.

313 Handbuch der Grundrechte-*Merten,* III, § 73 Rn. 21.

314 BAG, Urteil vom 11.9.1991 – 4 AZR 71/91, BAGE 68, 261, 268; BAG, Urteil vom 29.4.1992 – 4 AZR 432/91, BAGE 70, 165, 172.

315 BVerfG, Beschluss vom 7.2.1990 – 1 BvR 26/84, BVerfGE 81, 242, 254; BVerfG, Beschluss vom 19.10.1993 – 1 BvR 567/89, 1 BvR 1044/89, BVerfGE 89, 214, 231.

316 *Franzen,* ZfA 2005, 315, 337; *Kissel,* Arbeitskampfrecht, § 8 Rn. 24.

verzichts ist gerade nicht von relativer Freiwilligkeit auszugehen, sondern von einem klassischen bzw. verfassungsrechtlichen Verständnis der Freiwilligkeit.[317] Insofern ist ein unter Streikdruck zustande gekommener Tarifvertrag generell nicht als wirksamer Grundrechtsverzicht anzusehen. Die Freiwilligkeit in Bezug auf den Grundrechtsverzicht muss demnach gesondert geprüft werden.

Folgerichtig muss zwischen Tarifvertragsinhalten differenziert werden, die typischerweise wirksam nach den Grundsätzen der praktischen Konkordanz in Tarifverträgen vereinbart werden können, und solchen, die nur wirksam sind, weil der Unternehmer auf seinen Grundrechtsschutz verzichtet. Kommt man also beispielsweise bei Tarifverträgen, die das Unternehmerverhalten betreffen, im Rahmen der Abwägung zu dem Ergebnis, dass der jeweilige Inhalt des Tarifvertrages nicht unverhältnismäßig in die Unternehmerfreiheit eingreift, ist von einem zulässigen Tarifinhalt auszugehen. Dieser kann dann auch streikweise erzwungen werden, da im Tarifrecht das Prinzip der relativen Freiwilligkeit gilt. Eine Prüfung der Freiwilligkeit unter dem Gesichtspunkt des Grundrechtsverzichts entfällt, da die Regelung ohnehin keiner Einwilligung in Gestalt des Grundrechtsverzichts bedarf (abgesehen von der Legitimation durch den Verbandsbeitritt oder dem Abschluss eines Haustarifvertrages).

Auf die Erstreikbarkeit von tariflichen Regelungen, die unverhältnismäßig in das Unternehmerverhalten eingreifen, und der damit einhergehenden Frage nach dem Gleichlauf von Regelbarkeit und Erstreikbarkeit[318], ist unter Teil 3 näher einzugehen.

Dass ein unter Streikdruck erzwungener Grundrechtsverzicht nicht mehr als freiwillig bezeichnet werden kann, leuchtet somit ein. Fraglich ist aber, ob auch andere, dem Streik vergleichbare Situationen den Unternehmer zwingen können, durch den Abschluss eines Haustarifvertrages auf seine an sich grundrechtlich geschützte Unternehmerfreiheit zu verzichten. Auch hier sind entsprechende Fallgestaltungen denkbar.

So sind Unternehmen oftmals auf Kredite von Banken angewiesen, um in neue Technologien investieren zu können. Würde den Unternehmen dieses Kapital nicht zufließen und könnten sie daher mit der aktuellen technischen Entwicklung nicht mithalten, liefen sie Gefahr, nicht mehr konkurrenzfähig zu sein und vom Markt gedrängt zu werden. Würde eine Bank im Rahmen der Kreditverhandlungen bestimmte Forderungen erheben, wie beispielsweise eine Standortzusage, entstünde ein mit dem Streikdruck vergleichbarer Zwang, der den Unternehmer zu derartigen Zusagen veranlassen würde. Auch in diesen Fällen kann möglicherweise von einem freiwilligen Verzicht auf die Ausübung von Grund-

317 *Krist,* Grenzen des Tarifsozialplans, 129 f.

318 Zum Streitstand: Erfurter-Kommentar-*Dieterich,* GG, Art. 9 Rn. 116.

rechtspositionen nicht mehr gesprochen werden. Ebenso können beispielsweise konzerninterne Vorgaben oder Anweisungen den Arbeitgeber dazu veranlassen, bestimmte tarifvertragliche Bestimmungen abzuschließen, die ihn in seiner unternehmerischen Freiheit beeinträchtigen und eine Freiwilligkeit des Grundrechtsverzichts entfallen lassen.

Eine klare Abgrenzung, wann der Arbeitgeber im Sinne eines Grundrechtsverzichts noch freiwillig oder bereits unter Druck handelt, stellt sich als äußerst schwierig dar. So könnten auch Kompensationsleistungen der Gewerkschaft, wie in den Abwandlungen der Beispielsfälle, nicht nur als Anreiz, sondern bereits als Druck gewertet werden. Es kennzeichnet aber gerade den Charakter von Tarifverhandlungen, dass auf beiden Seiten Zugeständnisse gemacht werden. Tarifverträge sind das Produkt eines kontroversen Aushandelns und letztendlich sind sie nur im Wege des gegenseitigen Gebens und Nehmens zu verwirklichen. Daher ist in den Fällen, in denen die Zugeständnisse im Rahmen der laufenden Verhandlungen gemacht werden und nicht ein Druck von „außen" entsteht, davon auszugehen, dass der Arbeitgeber freiwillig gehandelt hat. Dieser Besonderheit des Tarifrechts wird damit Rechnung getragen.

Zuletzt wird im Rahmen der Freiwilligkeit gefordert, dass ein jederzeitiger Widerruf der Verzichtserklärung möglich sein muss.[319] Diese Voraussetzung wird beim Haustarifvertrag durch das Recht zur ordentlichen bzw. der außerordentlichen Kündigung erfüllt.[320] Im Gegensatz zum Haustarifvertrag werden diesbezüglich Probleme beim Verbandstarifvertrag und firmenbezogenen Verbandstarifvertrag auftreten, da in diesen Fällen das Recht zur Kündigung beim Arbeitgeberverband verbleibt.[321]

In den Abwandlungen der Beispielsfälle kam der Haustarifvertrag jeweils ohne Streikdruck, allerdings unter gegenseitigen Zugeständnissen zustande. Insofern ist in beiden Fällen von einem freiwilligen Tarifabschluss auszugehen, wohingegen die Tarifvertragsschlüsse in den Ausgangsfällen nicht freiwillig erfolgten, da sie unter Streikdruck abgeschlossen wurden.

3. Dispositionsbefugnis

Abschließend ist zu prüfen, inwieweit der Grundrechtsträger überhaupt auf das zur Disposition stehende Grundrecht verzichten kann (Dispositionsbefugnis).[322] Diese Verfügungsbefugnis ist dann fraglich, wenn das Grundrecht nicht nur dem

319 Erfurter Kommentar-*Dieterich,* Einl. GG Rn. 65.

320 Dazu: *Christ,* Freiwillige Tarifverträge, 70 f.

321 So auch: *Christ,* Freiwillige Tarifverträge, 70 f.

322 *Malorny,* JA 1974, 475 ff.

individuellen[323], sondern in erster Linie dem öffentlichen Interesse dient.[324] Dies ist beispielsweise der Fall, wenn das individuelle Grundrecht zugleich Voraussetzung für den Prozess staatlicher Willensbildung ist.[325]

Darüber hinaus stehen einige Grundrechte dem Grundrechtsträger schon von vornherein nicht zur freien Verfügung. So ist beispielsweise nach ganz herrschender Meinung die Menschenwürde absolut geschützt und unverzichtbar.[326]

Im Rahmen dieser Arbeit geht es um den Verzicht auf die Unternehmerfreiheit, die vorrangig durch die Grundrechte der Art. 12 Abs. 1 GG und Art. 14 Abs. 1 GG gewährleistet ist.[327] Diese Grundrechte sind den sog. vertragsnahen Grundrechte zuzuordnen, deren Bedeutung gerade in ihrer Verfügbarkeit liegt.[328] Darüber hinaus ist im Bereich der vertragsnahen Grundrechte mit dem Grundrechtsverzicht regelmäßig ein hierdurch erzielter „Gewinn" verbunden, der oft Anlass für die Inkaufnahme der Schmälerung der Grundrechtsposition ist („do ut des").[329] Dies ist vor allem im Rahmen von Tarifverhandlungen zu beobachten, da ein Tarifvertrag in der Regel das Ergebnis eines Kompromisses ist, der mit einer Beeinträchtigung von Rechtspositionen auf beiden Seiten einhergeht. Hinsichtlich der vertragsnahen Grundrechte ist also davon auszugehen, dass der Grundrechtsträger grundsätzlich einen weiten Spielraum hat, um über diese zu verfügen. Insofern ergeben sich in Bezug auf die Dispositionsbefugnis über Art. 12 Abs. 1 GG bei Standortgarantien und Zeitarbeitsquoten keine weitreichenden Probleme.

III. Schranken des Grundrechtsverzichts

Zu untersuchen ist nachfolgend, ob dem Grundrechtsverzicht über die allgemeinen Wirksamkeitsvoraussetzungen hinaus möglicherweise weitergehende Schranken gezogen sind.

Die Schrankensystematik der Grundrechte ist für den (positiven) Gebrauch der Grundrechte konzipiert worden.[330] Eine Übertragung der gesetzlichen

323 BVerwG, Urteil vom 8.6.1971 – I C 40.70, BVerwGE 38, 160, 162; *Robbers,* JuS 1985, 927 ff.

324 Ähnlich: *Doehring,* Staatsrecht, 279.

325 *Pieroth/Schlink,* Grundrechte, Rn. 137; *Robbers,* JuS 1985, 925, 928.

326 BVerfG, Urteil vom 25.2.1975 – 1 BvF 1/74, 1 BvF 2/74, 1 BvF 3/74, 1 BvF 4/74, 1 BvF 5/74, 1 BvF 6/74, BVerfGE 39, 1, 36, 42; BGH, Urteil vom 6.7.1976 – VI ZR 122/75, BGHZ 67, 119, 125; BVerwG, Urteil vom 15.12.1981 – 1 C 232/79, BVerwGE 64, 274, 279; *Lepa,* Der Inhalt der Grundrechte, 34; *Stern,* Das Staatsrecht der Bundesrepublik Deutschland III/2, § 86 II 4.

327 Siehe: Teil 2, B, S. 58 ff.

328 Erfurter Kommentar, GG, Einl. Rn. 64.

329 *Fischinger,* JuS 2007, 808, 811.

330 *Robbers,* JuS 1985, 925, 928.

Schrankensystematik auf den Grundrechtsverzicht erscheint daher nicht sinnvoll, da dies bedeuten würde, dass ein Verzicht nur dann möglich wäre, wenn er gesetzlich erlaubt wäre. Dies widerspräche aber dem Charakter des Grundrechtsverzichts, weil er Ausdruck der Persönlichkeitsentfaltung und Teil des Grundrechtsgebrauchs ist.[331]

Die Verfügungsbefugnis über die Grundrechte wird daher durch einen Verstoß gegen die Menschenwürde aus Art. 1 Abs. 1 GG und durch die Verletzung des Wesenskerns des Grundrechts gem. Art. 19 Abs. 2 GG beschränkt.[332] Da Tarifverträge sowohl Grundrechtspositionen der Arbeitgeber als auch der Arbeitnehmer beschränken, muss geklärt werden, in welchen Grenzen Grundrechtspositionen individuell verfügbar sind. Die Grenze des Würdekerns und des Wesensgehaltes gilt auch für Tarifverträge.[333]

In der Praxis dürfte es wohl keine Tarifverträge geben, die gegen die Menschenwürde verstoßen, so auch nicht tarifvertragliche Standortgarantien und Zeitarbeitsquoten. Es bleibt also nur zu fragen, ob in beiden Fällen der Wesensgehalt der Berufsfreiheit so tangiert wird, dass die Unveräußerlichkeitsgrenze erreicht ist.

Nach Auffassung des BVerfG ist der Wesensgehalt für jedes Grundrecht gesondert aus seiner besonderen Bedeutung im Gesamtsystem der Grundrechte zu ermitteln.[334] Gerade die Grundrechte der Berufsfreiheit und Eigentumsgarantie sind darauf ausgelegt, dass über sie weitreichend disponiert werden kann, solange dies freiwillig geschieht.[335]

Es wird aber auch zum Teil vertreten, dass es zum Wesensgehalt der Berufsfreiheit nach Art. 12 Abs. 1 GG gehöre, über Bestand, Umfang und Zielsetzung des Unternehmens zu entscheiden.[336] Danach könnte über diese grundrechtlichen Gewährleistungen nicht verfügt werden, ohne den Wesensgehalt der Berufsfreiheit zu verletzen.

Da der Unternehmer beim Haustarifvertrag selbst die ihm zustehende Disposition trifft und nicht der Arbeitgeberverband, realisiert sich darin aber gerade

331 *Robbers,* JuS 1985, 920, 925 ff.; *Bellardita/Neureither,* JuS 2005, 1000, 1004.

332 *Fischinger,* JuS 2007, 808, 811; *Stern,* Staatsrecht III/2, § 86 III 1.

333 Erfurter Kommentar-*Dieterich,* GG, Einl. Rn. 67 f.

334 BVerfG, Urteil vom 18.7.1967 – 2 BvF 3/62, 2 BvF 4/62, 2 BvF 5/62, 2 BvF 6/62, 2 BvF 7/62, 2 BvF 8/62, 2 BvR 139/62, 2 BvR 140/62, 2 BvR 334/62, 2 BvR 335/62, BVerfGE 22, 180, 219.

335 *Fischinger,* Arbeitskämpfe bei Standortverlagerung und – schließung, 69 f.; *Olschewksi,* Standorterhaltung und Arbeitskampf, 168 f.

336 BAG, Urteil vom 3.4.1990 – 1 AZR 123/89, BAGE 64, 284, 296; BAG, Urteil vom 5.2.1998 – 2 AZR 227/97, BAGE 88, 10, 15; LAG Hamm, Urteil vom 31.5.2000 – 18 Sa 858/00, NZA-RR 2000, 535, 537; LAG Schleswig-Holstein, Urteil vom 27.3.2003 – 5 Sa 137/03, NZA-RR 2003, 592 ff.; *Beuthien,* ZfA 1984, 1, 12 f.; *Wiedemann,* RdA 1986, 231, 236 f.

seine Unternehmerfreiheit, nämlich in Form des Vertragsschlusses.[337] So würde es beispielsweise niemand als wegen Verstoßes gegen Art. 12 GG unzulässig ansehen, wenn der Unternehmer sein Unternehmen freiwillig verschenken würde.[338] Darüber hinaus ist der Wesensgehalt der einzelnen Grundrechte nicht immer klar und eindeutig zu bestimmen. *Dieterich* sieht im Würdekern und Wesensgehalt der Grundrechte einen „Vorbehalt für Extremfälle".[339]

Im Ergebnis kann der Unternehmer beim Haustarifvertrag ohne Einschränkungen über sein Unternehmen verfügen. Die Grenze des Extremfalles ist hierdurch nicht erreicht. Durch den Verzicht auf seine unternehmerische Entscheidungsfreiheit übt er die Unternehmerfreiheit gerade aus. Erfolgt also die Verfügung über die Berufsfreiheit freiwillig, kann von einem Antasten des Wesensgehaltes daher nicht gesprochen werden.

IV. Rechtsfolgen des Grundrechtsverzichts

Der „klassische" Grundrechtsverzicht lässt die Eingriffsqualität des staatlichen Aktes entfallen.[340] Im Rahmen dieser Untersuchung geht es jedoch darum, bestimmte Schutzwirkungen, die die Grundrechte entfalten, nicht in Anspruch zu nehmen. Verzichtet der Grundrechtsträger wirksam auf hoheitliches Eingreifen zur Sicherung seiner Grundrechtsposition, entfällt damit die Schutzpflicht des Staates.[341]

Die Rechtsfolge des Grundrechtsverzichts hängt aber auch stets von der Auslegung der Verzichtserklärung ab.[342]Um demnach die konkrete Rechtsfolge des Grundrechtsverzichts in den Beispielsfällen festlegen zu können, müssen die jeweiligen Inhalte der Haustarifverträge ausgelegt werden. Danach nimmt der Arbeitgeber in beiden Fällen die grundrechtlichen Gewährleistungen der Unternehmerfreiheit (einmal das Recht, darüber zu entscheiden, wo produziert werden soll, einmal das Recht, über den Personaleinsatz frei zu entscheiden) für eine bestimmte Zeit nicht in Anspruch. Insofern lässt er durch den Abschluss des Haustarifvertrages auch erkennen, dass er kein korrigierendes Eingreifen des Staates wünscht.

337 *Buchner,* DB 2001, Beil. 9, S. 1, 9f.

338 *Bayreuther,* Tarifautonomie als kollektiv ausgeübte Privatautonomie, 284.

339 Erfurter Kommentar-*Dieterich,* GG, Einl. Rn. 66.

340 Ähnlich: *Robbers,* JuS 1985, 925, 925.

341 *Fischinger,* JuS 2007, 808, 813.

342 *Stern,* Das Staatsrecht der Bundesrepublik Deutschland III/2, § 86 IV 2.

V. Zwischenergebnis

Zusammenfassend ist festzuhalten, dass tarifvertragliche Standortgarantien und Zeitarbeitsquoten grundsätzlich unverhältnismäßig in die Unternehmernehmerfreiheit des Arbeitgebers eingreifen, sodass sie eigentlich der Tarifmacht entzogen sind. Freiwillige Haustarifverträge bieten dem Arbeitgeber aber ein Regelungsinstrument, um solche Vereinbarungen wirksam zu treffen. Der Arbeitgeber kann nämlich mit Abschluss eines Haustarifvertrages auf seine grundrechtlich geschützte Unternehmerfreiheit verzichten bzw. diese durch den Abschluss eines Haustarifvertrags ausüben. Der Wesensgehalt der Unternehmerfreiheit wird dadurch nicht angetastet. Ein solcher wirksamer Grundrechtsverzicht lässt von vornherein eine Kollision zwischen Tarifautonomie und Unternehmerfreiheit entfallen, sodass eine Auflösung dieser im Wege der praktischen Konkordanz entbehrlich ist.

Teil 3: Korrektiv über das Arbeitskampfrecht

A. Problemaufriss

Bisher wurde herausgearbeitet, dass bestimmte Regelungen, die in den Kernbereich des Unternehmerverhaltens eingreifen, in freiwilligen Haustarifverträgen vereinbart werden können. Der Arbeitgeber kann als Tarifvertragspartei auf seine grundrechtlich geschützte Unternehmerfreiheit wirksam verzichten. Zum Erhalt des bisherigen Standortes beispielsweise kann sich der Arbeitgeber in einem Haustarifvertrag schuldrechtlich verpflichten. Begrenzungen des Einsatzes von Zeitarbeitnehmern im Entleiherbetrieb können hingegen als Betriebsnormen mit normativer Wirkung in einem Haustarifvertrag vereinbart werden. Diese Vereinbarungen werden dadurch tariflich regelbare Ziele, obwohl sie den Arbeitgeber eigentlich unverhältnismäßig in seiner unternehmerischen Entscheidungsfreiheit begrenzen und damit in den Kernbereich der Unternehmerfreiheit eingreifen.

An diese Feststellung stellt sich konsequenterweise die Anschlussfrage, ob diese tariflich regelbaren Ziele auch durch einen Arbeitskampf durchgesetzt werden können oder ob möglicherweise grundrechtlich geschützte Positionen des Arbeitgebers, insbesondere die Unternehmerfreiheit, dem Arbeitskampf Grenzen setzen.

Der Arbeitskampf hat zwar bereits bei der Frage nach der Wirksamkeit des Grundrechtsverzichts eine Rolle gespielt. Ein Verzicht auf Grundrechte ist nur wirksam, wenn er freiwillig erfolgt.[343] U. a. schließt ein Streik die Freiwilligkeit des Grundrechtsverzichts und damit dessen Wirksamkeit aus. Daher können Regelungen, die das Unternehmerverhalten betreffen, nur in freiwillig abgeschlossenen Haustarifverträgen vereinbart werden. [344]

Dennoch ist die generelle Frage zu klären, ob Haustarifverträge, die das Unternehmerverhalten regeln, auch durch einen Arbeitskampf erzwingbar sind. Die verfassungsrechtliche Gewährleistung des Arbeitskampfes durch Art. 9 Abs. 3 GG soll eine funktionierende Tarifautonomie sicherstellen.[345] Da der Arbeitskampf somit als Durchsetzungsmittel den Tarifvertragsparteien zur Erreichung

343 Siehe: Teil 2, D II 2, S. 90 ff.

344 Siehe: Teil 2, D V, S. 97.

345 BVerfG, Beschluss vom 2.3.1993 – 1 BvR 1213/85, BVerfGE 88, 103, 114; BVerfG, Urteil vom 4.7.1995 – 1 BvF 2/86, 1 BvF 1/87, 1 BvF 2/87, 1 BvF 3/87, 1 BvF 4/87, 1 BvR 1421/86, BVerfGE 92, 365, 394.

ihrer Ziele zur Verfügung steht, stellt sich die streitige Frage, ob ein an sich tariflich regelbares Ziel auch zwangsläufig erstreikbar ist. Dieser Grundsatz wird von einem Großteil der Literatur[346] sowie andeutungsweise auch dem BAG vertreten[347].

Die Unternehmerfreiheit begrenzt die tarifliche Regelungsmacht. Dies gilt möglicherweise auch für den Arbeitskampf. Es soll also herausgearbeitet werden, ob dem Arbeitskampf über die allgemeinen Rechtmäßigkeitsvoraussetzungen hinaus durch die Unternehmerfreiheit weitere Grenzen gesetzt sind.

Da alle Arbeitskämpfe den allgemeinen Rechtmäßigkeitsanforderungen genügen müssen, werden zunächst im Überblick die Grundlagen des Arbeitskampfrechts dargestellt.

B. Grundlagen des Arbeitskampfrechts

I. Begriff, Rechtsgrundlagen und Mittel

1. Begriff

Eine gesetzliche Definition des Arbeitskampfes existiert nicht. In Teilen der Literatur hat sich ein weiter Begriff des Arbeitskampfes entwickelt. Danach ist ein Arbeitskampf die von der Arbeitnehmer- oder Arbeitgeberseite bewirkte kollektive Druckausübung durch Störung der Arbeitsbeziehungen.[348]

Die Gegenauffassung vertritt einen engeren Arbeitskampfbegriff. So werden nur solche Kampfmaßnahmen als Arbeitskampf anerkannt, die auf die Erzwingung kollektiver Arbeitsbedingungen für die Zukunft, das heißt auf die Schaffung neuer Rechtsansprüche zielen.[349]

---

346 *Berg/Platow/Schoof/Unterhinninghofen,* AKR, Rn. 23; *Däubler,* Das Grundrecht auf Mitbestimmung und seine Realisierung durch tarifvertragliche Begründung von Beteiligungsrechten, 428 f.; *Hanau/Adomeit,* Arbeitsrecht, 76 ff.; *Hensche,* AuR 2004, 443, 450; *Heß,* ZfA 1976, 45, 60; *Höninger,* RdA 1953, 204, 206; *Jacobs,* ZTR 2001, 249, 252; *Kühling/Bertelsmann,* NZA 2005, 1017, 1026 f.; *Meik,* Der Kernbereich der Tarifautonomie, 51 f.; *Oberberg/Schoof,* AiB 2002, 169, 170; *Paschke/Ritschel,* AuR 2007, 110, 112; *Preis,* Kollektivarbeitsrecht, 317; Däubler-*Reim,* TVG, § 1 Rn. 967 ff.; *Richardi,* RdA 1966, 241, 247; *Rieble,* RdA 1993, 140, 146; Brox/Rüthers-*Rüthers,* Arbeitskampfrecht, Rn. 261; *Sunnus,* AuR 2008, 1, 3; *Weiß/Weyand,* BB 1990, 2109 ff.; *Zachert,* DB 2001, 1198, 1202; *Zöllner,* Tarifvertragliche Differenzierungsklauseln, 36.

347 So auch andeutungsweise: BAG v. 12.9.1984 – 1 AZR 342/83 – BAGE 46, 322, 357.

348 *Brox/Rüthers/Henssler,* Arbeitsrecht, Rn. 741; *Hromadka/Maschmann,* Arbeitsrecht II, § 14 Rn. 14.

349 Hueck/Nipperdey-*Säcker,* Lehrbuch des Arbeitsrechts, II/2, 870.

Letztlich hat der Unterschied in beiden Ansichten keine praktische Bedeutung, da die erste Auffassung die Verfolgung tarifvertraglicher Regelungen spätestens für die Rechtmäßigkeit eines Arbeitskampfes voraussetzt, während die zweite Auffassung die Verfolgung tarifvertraglicher Regelungen bereits in den Begriff des Arbeitskampfes miteinbezieht.[350]

2. Rechtsgrundlagen

a) Verfassungsrecht

Die Rechtsprechung hat lange Zeit eine Stellungnahme zu der Frage, ob der Arbeitskampf verfassungsrechtlich durch Art. 9 Abs. 3 GG geschützt ist, vermieden. Erst in der Aussperrungsentscheidung vom 26.6.1991 hat sich das BVerfG dazu geäußert.[351] Darin führt es aus, dass ein wesentlicher Zweck des Art. 9 Abs. 3 GG der Abschluss von Tarifverträgen sei. Die zur Erreichung dieses Zwecks gewählten Mittel überlasse Art. 9 Abs. 3 GG grundsätzlich den Koalitionen. Soweit die Verfolgung des Vereinigungszwecks vom Einsatz bestimmter Mittel abhänge, würden auch diese vom Schutz des Grundrechts umfasst. Zu den geschützten Mitteln zählten auch Arbeitskampfmaßnahmen, die auf den Abschluss von Tarifverträgen gerichtet seien. Sie würden jedenfalls insoweit von der Koalitionsfreiheit erfasst, als sie allgemein erforderlich seien, um eine funktionierende Tarifautonomie sicherzustellen.[352] In nachfolgenden Entscheidungen hat das BVerfG seine Auffassung mehrfach bestätigt.[353]

Das BAG hat in seiner Entscheidung vom 10.6.1980 unter Verweis auf die Entscheidung des Großen Senats vom 21.4.1971[354] den Arbeitskampf als Institution für die Tarifautonomie vorausgesetzt, weil sonst weder das Zustandekommen noch die inhaltliche Sachgerechtigkeit tariflicher Regelungen gewährleistet wäre. Der Arbeitskampf müsse in einem freiheitlichen Tarifvertragssystem als ultima ratio zum Ausgleich sonst nicht lösbarer tariflicher Interessenkonflikte möglich sein.[355] Die verfassungsmäßige Zulässigkeit von Arbeitskämpfen folgt daher nach

350 So auch: BAG, Urteil vom 4.5.1955 – 1 AZR 493/54, BAGE 2, 75; BAG, Urteil vom 21.3.1978 – 1 AZR 11/76, BAGE 30, 189, 199 ff.

351 BVerfG, Beschluss vom 26.6.1991 – 1 BvR 779/85, BVerfGE 84, 212.

352 BVerfG, Beschluss vom 26.6.1991 – 1 BvR 779/85, BVerfGE 84, 212, 224 f.

353 BVerfG, Beschluss vom 2.3.1993 – 1 BvR 1213/85, BVerfGE 88, 103, 114; BVerfG, Urteil vom 4.7.1995 – 1 BvF 2/86, 1 BvF 1/87, 1 BvF 2/87, 1 BvF 3/87, 1 BvF 4/87, 1 BvR 1421/86, BVerfGE 92, 365, 393.

354 BAG (Großer Senat), Beschluss vom 21.4.1971 – GS 1/68, BAGE 23, 292, 306.

355 BAG, Urteil vom 10.6.1980 – 1 AZR 822/79, BAGE 33, 140, 150; so auch: BAG, Urteil vom 11.8.1992 – 1 AZR 103/92, BAGE 71, 92, 97.

überwiegender Ansicht aus der in Art. 9 Abs. 3 GG verankerten Tarifautonomie.[356]

b) Bundesrecht, Landesverfassungen und Recht der Europäischen Union

Eine einfachgesetzliche Ausgestaltung des Arbeitskampfrechts gibt es bisher nicht. In einzelnen Gesetzen, wie beispielsweise § 2 Abs. 1 Nr. 2 ArbGG, wird zwar die Zulässigkeit der einzelnen Arbeitskampfmittel vorausgesetzt, jedoch enthalten diese keine grundsätzlichen Regelungen des Arbeitskampfrechts.[357]

Vereinzelt enthalten Landesverfassungen[358] ausdrückliche Gewährleistungen des Arbeitskampfrechts, denen mangels bundesgesetzlicher Regelung zumindest theoretische Bedeutung zukommt.[359]
Die nationale Rechtsetzungsbefugnis für das Arbeitskampfrecht ist nicht durch europäisches Recht eingeschränkt, da keine Rechtssetzungskompetenz der Europäischen Union für das Arbeitskampfrecht besteht, § 153 V AEUV. In Art. 28 der Grundrechtscharta sind das Recht zum Aushandeln von Tarifverträgen und das Recht, im Konfliktfall kollektive Interessen „einschließlich Streiks“ zu ergreifen, festgemacht.[360]

3. Arbeitskampfmittel

Das BAG versteht unter Kampfmaßnahmen alle Maßnahmen, „die den Verhandlungspartner bewusst und gewollt unter den unmittelbaren Druck eingeleiteter Arbeitskämpfe setzen und damit seine Entschließungsfreiheit beeinträchtigen sollen. Kampfmaßnahme in diesem Sinn ist jede Maßnahme, die an die Stelle des freien Verhandelns den Zwang zum Bewilligen der Forderungen des Partners oder jedenfalls zum Nachgeben setzen soll, und zwar aus Furcht vor den Nachteilen oder Verlusten, die der Arbeitskampf mit sich bringt“.[361]

Die wichtigsten Kampfmittel sind Streik und Aussperrung. Der Streik ist das bedeutendste Kampfmittel der Arbeitnehmerseite. Ein solcher liegt dann vor, wenn eine Mehrzahl von Arbeitnehmern planmäßig, gemeinsam und ohne Einverständnis des Arbeitgebers die Arbeit einstellt.[362] Innerhalb des Begriffs

356 BAG, Urteil vom 26.4.1988 – 1 AZR 399/86, BAGE 58, 138, 142 ff.
357 BAG (Großer Senat), Beschluss vom 21.4.1971 – GS 1/68, BAGE 23, 292, 308, der diese Vorschriften lediglich als „neutrale Rechtsnormen“ bezeichnet.
358 Dazu: *Otto,* Arbeitskampf- und Schlichtungsrecht, § 4 Rn. 68 ff.
359 *Otto,* Arbeitskampf- und Schlichtungsrecht, § 4 Rn. 74 ff.
360 *Schaub,* Arbeitsrechts-Handbuch, § 192 Rn. 26.
361 BAG, Urteil vom 31.10.1958 – 1 AZR 632/57, BAGE 6, 321, 353.
362 *Hueck/Nipperdey,* Lehrbuch des Arbeitsrechts II, § 47 II 1; *Nikisch,* Arbeitsrecht II, § 62 II 1.

Streik lassen sich wiederum verschiedene Arten unterscheiden, wie beispielsweise Angriffs- und Abwehrstreik, Warnstreik etc.[363] Auf Arbeitgeberseite ist das vorrangige Kampfmittel die Aussperrung. Darunter wird die Ausschließung von der Arbeit verstanden, die von einem oder mehreren Arbeitgebern planmäßig und ohne Einverständnis der Arbeitnehmer erklärt wird und mit der Verweigerung der Lohnzahlung einhergeht.[364]

II. Rechtmäßigkeitsvoraussetzungen

1. Zulässiges Arbeitskampfziel

a) Allgemeines

Ein Arbeitskampf kann nicht um jedes beliebige Ziel geführt werden. Vielmehr muss der Arbeitskampf auf den Abschluss einer zulässigen tarifvertraglichen Regelung gerichtet sein.[365] Dies folgt daraus, dass der Arbeitskampf an die verfassungsrechtlich gewährleistete Tarifautonomie angeknüpft und somit Ausfluss der Tarifautonomie ist.[366] Nach Auffassung des BAG sind damit Ziele, die nicht von der Regelungs- oder Satzungskompetenz der jeweiligen Sozialpartner umfasst sind oder die von der Rechtsordnung missbilligte Inhalte betreffen, unzulässig.[367] Vor diesem Hintergrund wird u. a. auch die Zulässigkeit von Sympathiearbeitskämpfen oder politischen Arbeitskämpfen diskutiert.[368]

b) Standortgarantien – Erkämpfbarkeit schuldrechtlicher Regelungen?

Zu klären ist, ob auch schuldrechtliche Vereinbarungen der Tarifvertragsparteien, wie beispielsweise die Zusage des Unternehmers, den bisherigen Standort beizubehalten, tariflich regelbare Ziele im Sinne des Arbeitskampfrechts darstellen.

Wie unter Teil 1 ausgeführt, kommen als denkbare Inhalte schuldrechtlicher Vereinbarungen tarifnormersetzende, tarifnormüberschreitende und Koalitions-

---

363 Übersicht bei: *Preis,* Kollektivarbeitsrecht, 308 f.

364 *Hueck/Nipperdey,* Lehrbuch des Arbeitsrechts II, § 47 II 2; ähnlich: *Nikisch,* Arbeitsrecht II, § 62 III 1.

365 Löwisch-*Löwisch/Rieble,* Arbeitskampf- und Schlichtungsrecht, 16; *Otto,* Arbeitskampfrecht, § 5 Rn. 2.

366 Dazu: Erfurter Kommentar-*Dieterich,* GG, Art. 9 Rn. 102.

367 BAG, Urteil vom 4.5.1955 – 1 AZR 493/54, BAGE 2, 75, 77.

368 Übersicht bei: *Preis,* Kollektivarbeitsrecht, 318 f.

vereinbarungen außerhalb von Art. 9 Abs. 3 GG in Betracht.[369] Für diese Untersuchung sind lediglich tarifnormüberschreitende Koalitionsvereinbarungen von Bedeutung.[370]

Einige Autoren verneinen generell die Erstreikbarkeit schuldrechtlicher Regelungen und beschränken die Durchsetzung mittels Streiks von vornherein auf Tarifnormen.[371] *Mayer-Maly* führt dazu aus, dass die verbreitete Ableitung der Arbeitskampffreiheit aus dem bewussten Verzicht auf die staatliche Normierung von Arbeitsbedingungen es nahe lege, für sozialadäquate Arbeitskämpfe ein Ziel zu fordern, das sich auf die normativen Gestaltung von Arbeitsbedingungen beziehe.[372] Er verneint also die Sozialadäquanz von Arbeitskämpfen, die nur schuldrechtliche Tarifbestimmungen betreffen.

Das BAG und die wohl h. M. sprechen sich hingegen für eine streikweise Durchsetzbarkeit aller Bestandteile eines Tarifvertrages aus.[373] Das Tarifvertragsgesetz unterscheide nicht zwischen erkämpfbaren und nicht erkämpfbaren Teilen eines Tarifvertrages und stelle insoweit den schuldrechtlichen Teil gleichrangig neben den normativen Teil.[374] Für die Zulässigkeit von Kampfmaßnahmen kommt es demnach nicht auf den Charakter der tariflichen Vereinbarung an, sondern allein darauf, ob der geregelte Sachverhalt den Arbeits- und Wirtschaftsbedingungen zugeordnet werden kann.[375]

Bereits aus praktischen Gründen ist eine grundsätzliche Erstreikbarkeit schuldrechtlicher Vereinbarungen eines Tarifvertrages zweckmäßig. Im Laufe von Tarifverhandlungen kann sich die Tarifforderung sowohl in Bezug auf ihren Inhalt als auch in Bezug auf ihren Charakter ändern. Sie ist letztlich das Ergebnis eines Kompromisses der Tarifvertragsparteien. Daher ist zu Beginn der Tarifverhandlungen meist nicht abzusehen, ob es zu normativen oder schuldrechtlichen Regelungen kommt. Würde man zwischen der Erstreikbarkeit schuldrechtlicher und normativer Regelungen unterscheiden, käme es bereits zu Beginn eines Arbeitskampfes zu Unsicherheiten im Hinblick auf

369 Siehe: Teil 1, C II 2, S. 37 ff.

370 Siehe: Teil 1, C II 2 d), S. 38 f.

371 *Mayer-Maly,* BB 1965, 829, 833; *Greiner,* NZA 2008, 1274, 1277.

372 *Mayer-Maly,* BB 1965, 829, 833.

373 BAG, Urteil vom 12.9.1984 – 1 AZR 342/83, BAGE 46, 322, 357; *Berg/Platow/Schoof/Unterhinninghofen,* AKR, Rn. 24; Erfurter Kommentar-*Dieterich,* GG, Art. 9 Rn. 114 ff.; *Gamillscheg,* Kollektives Arbeitsrecht I, 1070; Däubler-*Hensche,* TVG, § 1 Rn. 969 ff.; *Jakobs,* ZTR 2001, 249, 252; Kempen/Zachert-*Zachert,* TVG, § 1 Rn. 761.

374 So bereits: Hueck/Nipperdey-*Säcker,* Lehrbuch des Arbeitsrechts II/2, § 49 II 3; *Zöllner,* Tarifvertragliche Differenzierungsklauseln, 36.

375 Däubler-*Reim,* TVG, § 1 Rn. 969 f.

die Rechtsnatur der jeweiligen Regelungen und damit der Zulässigkeit eines Arbeitskampfes.[376]

Gewichtiger ist aber das verfassungsrechtliche Argument, nach welchem eine Aufspaltung der Arbeits- und Wirtschaftsbedingungen in einen erstreikbaren und einen streikfreien Bereich nicht mit Art. 9 Abs. 3 GG vereinbar ist.[377] Die Verfassung gewährleistet durch Art. 9 Abs. 3 GG die Förderung der Arbeits- und Wirtschaftsbedingungen, ohne zwischen normativen oder schuldrechtlichen Tarifverträgen zu unterscheiden.[378] Insofern erscheint es einleuchtend, eine grundsätzliche Erstreikbarkeit schuldrechtlicher Vereinbarungen des Tarifvertrages zu bejahen, solange sich die geregelten Sachverhalte im Bereich der Arbeits- und Wirtschaftsbedingungen bewegen. Ein genereller Ausschluss der Erstreikbarkeit schuldrechtlicher Regelungen eines Tarifvertrages würde die Funktionsfähigkeit der Tarifautonomie beeinträchtigen, da die Tarifpartner sonst ihren Zweck, der strukturellen Unterlegenheit der Arbeitnehmer entgegenzuwirken, nicht sinnvoll verfolgen könnten.[379]

Eine freiwillige schuldrechtliche Verpflichtung des Arbeitgebers, den Standort an einem bestimmten Ort zu erhalten, fällt unter den Zuständigkeitsbereich der Koalitionen nach Art. 9 Abs. 3 GG[380] und kann somit grundsätzlich auch durch einen Streik erzwungen werden.

2. Arbeitskampfparteien

Ein Arbeitskampf darf nur von und gegen Parteien geführt werden, die tariffähig und tarifzuständig sind.[381] Nach § 2 TVG sind Gewerkschaften, einzelne Arbeitgeber und Arbeitgebervereinigungen tariffähig.

Anerkannt ist, dass auf Arbeitnehmerseite auch Nichtmitglieder der zum Streik aufrufenden Gewerkschaft am Streik teilnehmen dürfen.[382]

Der Außenseiter-Arbeitgeber ist nach Ansicht des BVerfG berechtigt, sich einer Verbandssausperrung anzuschließen, da insofern ein „Kampfbündnis“ zwischen dem Außenseiter-Arbeitgeber und dem Arbeitgeberverband bestehe.[383]

---

376 *Seiter,* Streikrecht und Aussperrungsrecht, 488.

377 *Däubler,* Arbeitskampfrecht, § 13 Rn. 10.

378 *Brox/Rüthers,* Arbeitskampfrecht, Rn. 260; *Buchner,* DB 2001 Beil. 9, S. 1, 7; *Gamillscheg,* Kollektives Arbeitsrecht, 1070f.; *Reuß,* JZ 1965, 348, 350; *Seiter,* Streik und Aussperrungsrecht, 486ff., 488; Wiedemann-*Wiedemann,* TVG, Einl. Rn. 456f.

379 Däubler-*Reim,* TVG, § 1 Rn. 969.

380 Siehe: Teil 1, B II 3 b), aa), S. 25ff.

381 Erfurter Kommentar-*Dieterich,* GG, Art. 9 Rn. 123; *Otto,* Arbeitskampfrecht, § 6 Rn. 1.

382 BAG, Urteil vom 22.3.1994 – 1 AZR 622/93, BAGE 76, 196, 203; BAG, Urteil vom 18.2.2003 – 1 AZR 142/02, BAGE 105, 5, 10f.

383 BVerfG, Beschluss vom 6.6.1991 – 1 BvR 779/85, BVerfGE 84, 212, 225f.

Bei einem Arbeitskampf um einen Firmen- bzw. Haustarifvertrag ist der nicht verbandszugehörige Arbeitgeber bereits nach § 2 TVG tariffähig und damit aussperrungsbefugt.

Umstritten ist, ob sich der noch nicht verbandsangehörige Arbeitgeber durch den Verbandsbeitritt einem Arbeitskampf um Haustarifverträge entziehen kann. In der Literatur wird dies zum Teil bejaht.[384] Die überwiegende Ansicht und das BAG sehen in einem Arbeitskampf um einen Haustarifvertrag gegen einen verbandsangehörigen Arbeitgeber jedoch weder eine Verletzung der individuellen Koalitionsfreiheit des verbandsangehörigen Arbeitgebers noch der kollektiven Koalitionsfreiheit des Arbeitgeberverbandes. Solange die Regelungen, um die der Arbeitskampf geführt wird, nicht umfassend und abschließend im Flächentarifvertrag geregelt sind, ist der Arbeitskampf um einen Haustarifvertrag zulässig. Der verbandsangehörige Arbeitgeber verliert durch den Beitritt zum Verband nicht seine Tariffähigkeit nach § 2 Abs. 1 TVG. Auch der Paritätsgrundsatz stellt kein Hindernis dar, einen Haustarifvertrag gegenüber einem verbandsangehörigen Arbeitgeber zu erstreiken.[385]

3. Friedenspflicht

Ein Arbeitskampf ist nur dann rechtmäßig, wenn er nicht gegen die Friedenspflicht verstößt. Hier ist zwischen der relativen und absoluten Friedenspflicht zu unterscheiden. Die Durchsetzung von Tarifforderungen, die mit bereits tariflich geregelten Materien in einem inneren sachlichen Zusammenhang stehen, ist durch einen Arbeitskampf nicht möglich (relative Friedenspflicht).[386] Die absolute Friedenspflicht hingegen verbietet jegliche Kampfmaßnahmen ohne Rücksicht auf das angestrebte Ziel. Sie muss jedoch im Gegensatz zur relativen Friedenspflicht ausdrücklich vereinbart werden.[387]

4. Gebot der Kampfparität

Nach dem Gebot der Kampfparität muss ein Gleichgewicht in den Arbeitskampfmitteln der Gewerkschaft und der Arbeitgeberseite bestehen. Wäre dies nicht der Fall, könnte eine Seite das Kampfgeschehen bestimmen und so das auf dem Grundsatz freier Vereinbarungen basierende Tarifvertragssystem in Frage stel-

384 *Lieb*, DB 1999, 2058 ff.; *Reuter*, NZA 2001, 1097.

385 BAG, Urteil vom 10.12.2002 – 1 AZR 96/02, BAGE 104, 155, 160 ff.; *Henssler*, ZfA 1998, 517, 534; *Konzen*, in: FS Kraft, 1998, S. 291, 314 ff.; MünchArbR-*Ricken*, § 200 Rn. 25 ff.

386 BAG, Urteil vom 19.6.2007 – 1 AZR 396/06, BAGE 123, 134, 139 f.; Wiedemann-*Thüsing*, TVG, § 1 Rn. 886.

387 BAG, Urteil vom 10.12.2002 – 1 AZR 96/02, BAGE 104, 155, 167.

len.[388] Ein angemessener Interessenausgleich ist eben nicht möglich, wenn eine Partei das Kampfgeschehen beherrscht.[389]

Das BAG und die überwiegende Meinung in der Literatur gehen von einer materiellen Parität aus, welche im Prinzip ein tatsächliches Gleichgewicht der sozialen Gegenspieler fordert.[390] Auf die einzelnen Merkmale zur Paritätsbestimmung soll hier nicht näher eingegangen werden.[391] Die Überlegungen hierzu beziehen sich fast ausschließlich auf Streik und Aussperrung.[392]

In diesem Zusammenhang wird in der Literatur u. a. diskutiert, ob eine Abweichung vom Grundsatz „Alles, was tariflich regelbar ist, ist grundsätzlich auch erstreikbar“[393] mit dem Grundsatz der Parität vereinbar ist. Einige Stimmen im Schrifttum differenzieren zwischen tariflicher Regelbarkeit und Erstreikbarkeit dahingehend, dass sie freiwillige Tarifvereinbarungen, die einen „Kernbereich“ von Unternehmerentscheidungen berühren, für zulässig halten, deren Erstreikbarkeit aber verneinen. Ein Streik um derartige Regelungen scheitere an der Schranke der Unternehmensautonomie.[394] Dagegen wird eingewandt, dass diese Einschränkung des Streikrechts der durch Art. 9 Abs. 3 GG gewährleisteten Verhandlungsparität entgegenstehe, ohne die die Tarifautonomie leerlaufe. Ein

---

388 BAG (Großer Senat), Urteil vom 21.4.1971 – GS 1/68, BAGE 23, 292, 308 ff.

389 Näher zu Rechtmäßigkeit von Aussperrungen: BVerfG, Beschluss vom 26.6.1991 – 1 BvR 779/85, BVerfGE 84, 212, 225; BAG (Großer Senat), Beschluss vom 21.4.1971 – GS 1/68, BAGE 23, 292, 308, 314; *Brox/Rüthers/Henssler,* Arbeitsrecht, Rn. 762–771; *Hromadka/Maschmann,* Arbeitsrecht II, § 14 Rn. 70–86.

390 BAG, Urteil vom 10.6.1980 – 1 AZR 331/79, BAGE 33, 195, 202 ff.; BAG v. 22.12.1980 – 1 ABR 2/79 – BAGE 34, 331, 340; BAG, Beschluss vom 12.9.1984 – 1 AZR 342/83, BAGE 46, 322, 353; BAG, Urteil vom 12.3.1985 – 1 AZR 636/82, BAGE 48, 195, 201; BAG, Urteil vom 5.5.1987 – 1 AZR 292/85, BAGE 54, 314, 323; BAG, Urteil vom 11.5.1993 – 1 AZR 649/92, BAGE 73, 141, 150; BAG, Urteil vom 13.7.1993 – 1 AZR 676/92, BAGE 73, 320, 328; BAG, Beschluss vom 30.8.1994 – 1 ABR 10/94, BAGE 77, 335, 339; unterstützend auch: BVerfG, Beschluss vom 26.6.1991 – 1 BvR 779/85, BVerfGE 84, 212, 229 ff.; *Badura,* DB 1985, Beil 14, 7; *Belling,* NZA 1990, 214, 216; *Brox/Rüthers,* Arbeitskampfrecht, Rn. 168; *Buchner,* RdA 1986, 7, 13 ff.; *Däubler,* JuS 1972, 644; *Dütz/Thüsing,* Arbeitsrecht, Rn. 608; *Gamillscheg,* Kollektives Arbeitsrecht I, 974; *von Hoynigen-Huene,* DB 1989, 1466; *Konzen/Scholz,* DB 1980, 1597; *Lieb,* DB 1980, 2188 ff.; *Löwisch,* RdA 1980, 1 ff.; Löwisch-*Löwisch/Rieble,* Schlichtungs- und Arbeitskampfrecht, 24 f.; *Picker,* Der Warnstreik und die Funktion des Arbeitskampfes in der Privatrechtsordnung, 103; *Rüthers,* Rechtsprobleme der Aussperrung, 76; *Seiter,* Streikrecht und Aussperrungsrecht, 170; *Wank,* in: FS Kissel, 1994, 1240; *Zöllner/Loritz/Hergenröder,* Arbeitsrecht, § 40 X.

391 Eingehend dazu: *Kissel,* Arbeitskampfrecht, 368 ff.

392 Zur Abwehraussperrung: BVerfG, Beschluss vom 26.6.1991 – 1 BvR 779/85, BVerfGE 84, 212, 231.

393 *Kühling/Bertelsmann,* NZA 2005, 1017, 1026 f.; *Paschke/Ritschel,* AuR 2007, 110, 112.

394 *Gamillscheg,* Kollektives Arbeitsrecht I, 345 ff., 1069 f.; *Hanau/Thüsing,* ZTR 2001, 1, 49; *Hanau/Thüsing,* in: Tarifautonomie im Wandel Bd. 1, S. 30 ff.

Gleichrang der Tarifautonomie mit der Unternehmerfreiheit sei nur zu verwirklichen, wenn dem Machtinstrument des Unternehmens (Eigentum) ein gleichwertiges Machtinstrument der Arbeitnehmer (Streik) gegenübergestellt werde.[395] Der Frage, ob dem Arbeitskampf über die allgemeinen Rechtmäßigkeitsvoraussetzungen hinaus eine weitergehende Schranke durch die Unternehmerfreiheit gezogen ist und ob dies gegen den Grundsatz der Parität verstößt, wird ein eigener Abschnitt unter C gewidmet.

5. Gebot der Verhältnismäßigkeit

In seiner Entscheidung vom 21.4.1971 hat das BAG das Gebot der Verhältnismäßigkeit herausgearbeitet. Danach „dürfen Arbeitskämpfe nur insoweit eingeleitet und durchgeführt werden, als sie zur Erreichung rechtmäßiger Kampfziele und des nachfolgenden Arbeitsfriedens geeignet und sachlich erforderlich sind. Jede Arbeitskampfmaßnahme – sei es Streik, sei es Aussperrung – darf ferner nur nach Ausschöpfung aller Verständigungsmöglichkeiten ergriffen werden; der Arbeitskampf muss also das letzte mögliche Mittel sein (ultima ratio)".[396]

Geeignet ist ein Kampfmittel, wenn durch seinen Einsatz die Durchsetzung des zulässigen Kampfzieles gefördert werden kann. Den Koalitionen steht in Bezug auf die Auswahl des Mittels ein Entscheidungsspielraum zu.[397]

Auch hinsichtlich der Erforderlichkeit steht den Koalitionen eine Einschätzungsprärogative zu. Erforderlich ist das Kampfmittel dann, wenn mildere Mittel zur Erreichung des angestrebten Ziels nach der Beurteilung der den Arbeitskampf führenden Koalition nicht zur Verfügung stehen.[398]

Verhältnismäßig im engeren Sinne (proportional) ist ein Arbeitskampfmittel, das sich unter hinreichender Würdigung der grundrechtlich gewährleisteten Betätigungsfreiheit zur Erreichung des angestrebten Kampfziels unter Berücksichtigung der Rechtspositionen der von der Kampfmaßnahme unmittelbar oder mittelbar Betroffenen als angemessen darstellt.[399]

395 Vgl.: *Berg/Platow/Schoof/Unterhinninghofen,* TVG, § 1 Rn. 166 ff.

396 BAG (Großer Senat), Beschluss vom 21.4.1971 – GS 1/68, BAGE 23, 292, 306.

397 BAG, Urteil vom 19.6.2007 – 1 AZR 396/06, BAGE 123, 134, 142 f.

398 BAG, Urteil vom 19.6.2007 – 1 AZR 396/06, BAGE 123, 134, 143; vertiefend: *Preis,* Kollektivarbeitsrecht, 344 ff.

399 BAG, Urteil vom 19.6.2007 – 1 AZR 396/06, BAGE 123, 134, 143; vertiefend: *Preis,* Kollektivarbeitsrecht, 353 ff.

6. Zwischenergebnis

Für die weitere Untersuchung soll unterstellt werden, dass die Arbeitskämpfe in den Beispielsfällen den dargestellten allgemeinen Rechtmäßigkeitsvoraussetzungen genügen. Darüber hinaus ist davon auszugehen, dass schuldrechtliche Regelungen eines Tarifvertrages generell erstreikt werden können.

Nachfolgend ist demnach herauszuarbeiten, ob der Erstreikbarkeit tariflicher Regelungen, die den Kernbereich der Unternehmerfreiheit berühren, Grenzen in Gestalt der Unternehmerfreiheit gesetzt sind.

C. Erstreikbarkeit von Standortgarantien und Zeitarbeitsquoten – Unternehmerfreiheit als Grenze des Arbeitskampfes?

I. Einleitende Betrachtung

Die Unternehmerfreiheit spielte bereits bei der grundsätzlichen Frage, welche Sachverhalte zulässige Inhalte von Tarifverträgen sein können, eine entscheidende Rolle. Hierbei waren die widerstreitenden Grundrechtspositionen in Gestalt von Tarifautonomie und Unternehmerfreiheit im Wege der praktischen Konkordanz gegeneinander abzuwägen und zu einem sachgerechten Ausgleich zu bringen. Im Rahmen dieser Untersuchung wurde weiter festgestellt, dass der Unternehmer durch einen freiwilligen Haustarifvertrag auf die Ausübung seiner die tarifliche Regelungsmacht begrenzende Unternehmerfreiheit wirksam verzichten kann. Ist dies der Fall, entsteht schon keine Grundrechtskollision zwischen Tarifautonomie und Unternehmerfreiheit. Damit wird auch der erforderliche Ausgleich im Wege der praktischen Konkordanz entbehrlich. Standortgarantien und Zeitarbeitsquoten werden somit zu tariflich regelbaren Zielen.

Davon zu unterscheiden ist jedoch die Frage, ob die Unternehmerfreiheit auch im Hinblick auf die Zulässigkeit eines Arbeitskampfes von Bedeutung ist. Möglicherweise könnte ein Arbeitskampf grundrechtlich geschützte Positionen der Tarifgebundenen, insbesondere die Unternehmerfreiheit, unverhältnismäßig beeinträchtigen. Dies hätte zur Folge, dass ein Arbeitskampf um unternehmerische Belange unzulässig wäre. Es geht auch hier wieder um einen Ausgleich im Wege einer praktischen Konkordanz zwischen dem Freiheitsrecht der Arbeitnehmer aus Art. 9 Abs. 3 GG einerseits und der

Unternehmensautonomie als Teil der Berufsfreiheit aus Art. 12 Abs. 1 GG andererseits.[400]

Zu prüfen ist also, ob ein Arbeitskampf um tarifliche Standortgarantien und Zeitarbeitsquoten möglich ist oder ob diesem durch die Unternehmerfreiheit Grenzen gesetzt sind.

II. These: „Alles, was tariflich regelbar ist, ist auch erstreikbar"

Ein großer Teil des Schrifttums[401] und andeutungsweise auch das BAG[402] vertreten den Grundsatz, dass alles, was tariflich regelbar ist, letztlich auch mit Hilfe eines Arbeitskampfes durchgesetzt werden könne.

Bezogen auf die Eingangsbeispiele würde die uneingeschränkte Anwendung dieses Grundsatzes bedeuten, dass Standortgarantien und Zeitarbeitsquoten, die tariflich regelbare Ziele sind, auch generell durch einen Arbeitskampf erzwungen werden könnten. Den Tarifvertragsparteien wäre damit nicht nur eine umfangreiche Regelungsbefugnis, sondern darüber hinaus auch eine weitreichende Kampfbefugnis in Bereichen eröffnet, die grundsätzlich dem Unternehmer zur alleinigen und freien Entscheidung zustehen müssen. In Bezug auf die Rechtmäßigkeit des konkreten Arbeitskampfes bliebe demnach nur zu prüfen, ob sich die richtigen Parteien am Arbeitskampf beteiligen und ob der Arbeitskampf in den Grenzen der Verhältnismäßigkeit geführt wird. Lägen diese Voraussetzungen vor, wären insbesondere dem Zugriff der Gewerkschaft keine weitergehenden Schranken auf unternehmerische Entscheidungen gesetzt und ein Arbeitskampf hierüber wäre zulässig.

Die weitreichende Regelungsmacht bei Haustarifverträgen, die den Koalitionen nach der hier vertretenen Ansicht zusteht, würde der Gewerkschaft faktisch einen ebenso weitreichenden, durch Zwang durchsetzbaren Zugriff auf unter-

---

400 BAG, Urteil vom 3.4.1990 – 1 AZR 123/89, BAGE 64, 284, 295 f.; *Gamillscheg,* Kollektives Arbeitsrecht I, 339 ff.; *Kissel,* Arbeitskampfrecht, § 35, Rn. 23 ff.; *Säcker/Oetker,* Grundlagen und Grenzen der Tarifautonomie, 250 ff.; *Wiedemann,* RdA 1986, 231 ff.

401 *Berg/Platow/Schoof/Unterhinninghofen,* TVG, Rn. 166 ff.; *Däubler,* Mitbestimmung, 428 f.; *Hanau/Adomeit,* Arbeitsrecht, Rn. 286; *Hensche,* AuR 2004, 443, 450; *Heß,* ZfA 1976, 45, 60; *Hoeninger,* RdA 1953, 204, 206; *Jacobs,* ZTR 2001, 249, 252; *Kühling/Bertelsmann,* NZA 2005, 1017, 1026 f.; *Meik,* Der Kernbereich der Tarifautonomie, 51 f.; *Oberberg/Schoof,* AiB 2002, 169, 170; *Paschke/Ritschel,* AuR 2007, 110, 112; *Preis,* Kollektivarbeitsrecht, 317; Däubler-*Reim,* TVG, § 1 Rn. 967; *Richardi,* RdA 1966, 241, 247; *Rieble,* RdA 1993, 140, 146; Brox/Rüthers-*Rüthers,* Arbeitskampfrecht, Rn. 261; *Sunnus,* AuR 2008, 1, 3; *Weiß/Weyand,* BB 1990, 2109; *Zachert,* DB 2001, 1198, 1202; *Zöllner,* Tarifvertragliche Differenzierungsklauseln, 36.

402 So auch andeutungsweise: BAG, Urteil vom 12.9.1984 – 1 AZR 342/83, BAGE 46, 322, 357.

nehmerische Entscheidungen des Arbeitgebers gewähren. Der an sich freiwillige Haustarifvertrag würde somit aufgrund der weitreichenden Auswirkungen von Arbeitskampfmaßnahmen tatsächlich zu einem erzwingbaren Tarifvertrag. Dies würde aber gerade dem Sinn und Zweck der grundrechtlich gewährten Unternehmerfreiheit widersprechen. Ein Korrektiv über das Arbeitskampfrecht erscheint daher geboten.

Die weitreichende tarifliche Regelungsmacht soll den Tarifvertragsparteien gerade ermöglichen, Sachverhalte in Haustarifverträgen vereinbaren zu können, die ansonsten, wenn sie in einem Verbandstarifvertrag geregelt werden würden, nicht zulässig wären. Zum anderen soll der Arbeitgeber im Sinne der Unternehmerfreiheit jedoch frei über den Abschluss eines solchen Tarifvertrages entscheiden und gerade nicht dazu gezwungen werden können. Der Gewerkschaft darf kein einseitiges Durchsetzungsrecht für derartige Regelungen zustehen. Diese dürfen lediglich im „echten", nicht aber im „erzwungenen" Einvernehmen mit dem Arbeitgeber zustande kommen.

Daher müsste man bei einer starren Anwendung des vorgenannten Grundsatzes bereits die tarifliche Regelbarkeit verneinen, um einen Zugriff der Gewerkschaft auf unternehmerische Entscheidungen durch einseitige Erzwingung mittels Arbeitskampf zu vermeiden. Dies würde jedoch für beide Tarifvertragsparteien möglicherweise ein unbefriedigendes Ergebnis darstellen. Die Flexibilität, die durch die Möglichkeit eines wirksamen Grundrechtsverzichts auf grundrechtlich geschützte Positionen gegeben ist, würde den Koalitionen dadurch genommen. Standortsicherungsvereinbarungen, Normen zur Begrenzung des Einsatzes von Zeitarbeitnehmern und ähnliche beschäftigungspolitisch bedeutsame Regelungen wären dann nur noch als „normale" schuldrechtliche Verpflichtungen ohne tarifvertraglichen Charakter möglich. Tarifverträge haben aber im Gegensatz zu schuldrechtlichen Vereinbarungen zumindest in Bezug auf normative Vorschriften den Vorteil, dass sie unmittelbar für den erfassten Personenkreis gelten, § 4 Abs. 1 S. 1 TVG. Für schuldrechtliche Vereinbarungen mit tarifvertraglichem Charakter besteht jedenfalls eine Durchführungspflicht, im Falle eines Verbandstarifvertrages eine Einwirkungspflicht, die gerichtlich durchgesetzt werden kann.[403] Würde man darüber hinaus einen Verzicht auf die Unternehmerfreiheit erst im Rahmen der Zulässigkeitsprüfung eines Arbeitskampfes zulassen, wäre möglicherweise bereits ein materieller Schaden entstanden, dessen Ausmaß für den Unternehmer nicht mehr tragbar wäre. Größere Schwierigkeiten würde jedoch die Frage nach der Freiwilligkeit des Verzichts hervorrufen.

Daher erscheint es geboten, die Zulässigkeit eines Arbeitskampfes auch dahingehend zu überprüfen, ob die zwangsweise Durchsetzung bestimmter tariflicher

403 Näher dazu: Erfurter Kommentar-*Franzen*, TVG, § 1 Rn. 86ff.

Ziele unverhältnismäßig in grundrechtlich geschützte Positionen der Tarifgebundenen, insbesondere die Unternehmerfreiheit eingreift. Insofern ist also eine Abwägung der widerstreitenden Grundrechtspositionen vorzunehmen.

III. Arbeitskampfgarantie versus Unternehmerfreiheit

Ein Arbeitskampf um tarifliche Regelungen, die in das Unternehmerverhalten eingreifen, könnte einen unzulässigen Eingriff in die Unternehmensautonomie darstellen. Der Arbeitgeber handelt in diesem Fall nicht mehr freiwillig, sondern unter dem Druck des gewerkschaftlich getragenen Arbeitskampfes. Ein solcher Eingriff in die Unternehmerfreiheit könnte jedoch dann rechtmäßig sein, wenn Grundrechtspositionen der Gewerkschaft bzw. der Arbeitnehmer das Recht des Unternehmers an einer freien Unternehmerentscheidung überwiegen.

Es ist daher zunächst zu untersuchen, ob die Ausübung der Arbeitskampfgarantie einen Eingriff in die Unternehmerfreiheit darstellt. Sodann sind diese grundrechtlichen Positionen einander so zuzuordnen, dass beide bestmöglich zu Wirksamkeit gelangen. Hierbei ist der Grundsatz der Verhältnismäßigkeit zu beachten.[404]

1. Arbeitskampf um Standortgarantie und Zeitarbeitsquote als Eingriff in die Unternehmerfreiheit

Die Unternehmerfreiheit schützt nach Auffassung des BVerfG einen angemessenen Spielraum zur Entfaltung der Unternehmensinitiative.[405] Bleibt dem Betroffenen kein angemessener Spielraum, sich als verantwortlicher Unternehmer wirtschaftlich frei zu entfalten, liegt ein unzulässiger Eingriff in die Betätigungsfreiheit vor.[406]

a) Standortgarantie

Wie bereits unter Teil 2 ausgeführt, soll die Unternehmerfreiheit in Gestalt der Berufsfreiheit nach Art. 12 Abs. 1 GG dem Arbeitgeber ermöglichen, frei und autonom darüber zu entscheiden, wo er in Zukunft produzieren möchte.[407] Dieses Recht wird ihm genommen, wenn er unter Streikdruck einen Haustarifvertrag abschließt, der ihn verpflichtet, für einen bestimmten Zeitraum seinen bisheri-

---

404 *Hufen,* Staatsrecht II, 2. Teil, § 9 Rn. 34.
405 BVerfG, Beschluss vom 14.10.1970 – 1 BvR 306/68, BVerfGE 29, 261, 267.
406 BVerfG, Beschluss vom 16.5.1961 – 2 BvF 1/60, BVerfGE 12, 341, 341.
407 Siehe: Teil 2, B I 2, S. 60 ff.

gen Standort zu erhalten. Ein unter Streikdruck abgeschlossener Tarifvertrag ist nicht als Ergebnis einer freien und autonomen Willensentscheidung anzusehen. Die Berufsausübungsfreiheit will aber gerade diese im Hinblick auf Standortentscheidungen schützen.[408] Darüber hinaus wird der Unternehmer auch in seiner Wettbewerbsfreiheit beeinträchtigt, die ebenso durch Art. 12 Abs. 1 GG geschützt ist. Insofern kann auf die Ausführungen unter Teil 2, II 1 verwiesen werden.[409]

Ein durch Arbeitskampf erzwungener Haustarifvertrag, der den Arbeitgeber zur zeitweisen Erhaltung des bisherigen Standortes verpflichtet, ist daher als Eingriff in die Unternehmerfreiheit zu werten.

b) Zeitarbeitsquote

Ebenso verhält es sich bei einem Haustarifvertrag zur Begrenzung der Zeitarbeit, wenn dieser unter Streikdruck abgeschlossen wurde. Die der Unternehmerfreiheit zugrunde liegende Berufsausübungsfreiheit schützt den Arbeitgeber in seiner freien Entscheidung, mit wie viel Personal oder mit welcher Art des Personaleinsatzes er sein Unternehmensziel erreichen möchte. Kann der Arbeitgeber hierüber nicht mehr frei und ohne von einem Arbeitskampf ausgehenden Druck entscheiden, liegt auch hier ein Eingriff in die Unternehmerfreiheit vor.[410]

c) Zwischenergebnis

In beiden Beispielsfällen ist ein Arbeitskampf, der auf die Erzwingung der jeweiligen tariflichen Regelungen gerichtet ist, als Eingriff in die Unternehmerfreiheit zu werten.

2. Auflösung der Grundrechtskollision im Wege praktischer Konkordanz

Die durch den Arbeitskampf um Standortgarantien und Zeitarbeitsquoten entstandene Grundrechtskollision ist im Wege der praktischen Konkordanz aufzulösen.[411]

---

408 Siehe: Teil 2, B I 2, S. 60 ff.

409 Siehe: Teil 2, B I 2, S. 60 ff.

410 Siehe: Teil 2, C II 2, S. 69 f.

411 So auch: *Franzen*, in: ZAAR-Schriftenreihe Bd. 2, „Zukunft des Arbeitskampfes“, S. 142, 146 ff.

a) Standortgarantie

aa) Meinungsstand

Die überwiegende Ansicht in der Literatur und die instanzgerichtliche Rechtsprechung halten einen Streik zur Verhinderung einer geplanten Standortverlagerung für unzulässig, da dieser unverhältnismäßig in die Unternehmerfreiheit in Form der Berufsfreiheit des Arbeitgebers eingreife.[412] Zur Begründung wird angeführt, dass die Entscheidung des Arbeitgebers, den Betrieb zu verlagern, in den Kernbereich der Berufsfreiheit gemäß Art. 12 Abs. 1 GG falle. Eine derartige Entscheidung dürfe nicht unter Streikdruck getroffen werden, da die Unternehmerfreiheit auch das Recht umfasse, autonom über Standortverlagerungsvorhaben zu entscheiden.[413]

Die Gegenansicht sieht einen Arbeitskampf zur Verhinderung einer geplanten Standortverlagerung als zulässig an. Im Rahmen der Prüfung verzichtet sie zum Teil ganz auf eine Grundrechtsabwägung mit Arbeitgeberinteressen, nachdem sie den Schutzbereich der Koalitionsfreiheit als eröffnet ansieht.[414] Wieder andere Autoren werten die tarifliche Forderung schon nicht als Eingriff in die Unternehmerfreiheit.[415] Wird jedoch eine Abwägung der Grundrechte vorgenommen, kommt der überwiegende Teil der Literaturstimmen zu dem Ergebnis, dass die Interessen der Arbeitnehmer in den meisten Fällen die Interessen des Arbeitgebers an der autonomen Entscheidung über Standortfragen überwiegen.[416] Ein Kernbereich der Unternehmensautonomie, der den Einsatz von Arbeitskampf-

412 LAG Hamm, Urteil vom 31.5.2000 – 18 Sa 858/00, NZA-RR 2000, 535, 537; LAG Schleswig-Holstein, Urteil vom 27.3.2003 – 5 Sa 137/03, NZA-RR 2003, 592, 595, 597; *Bauer/Krieger,* NZA 2004, 1019, 1022; *Buchner,* DB 2001, Beil. 9, 1, 7; *Christ,* Freiwillige Tarifverträge, 134; *Fischinger,* Arbeitskämpfe bei Standortverlagerung und -schliessung, 78 ff.; ders., NZA 2007, 310, 311; *Franzen,* ZfA 2005, 315, 329; *Gaul,* RdA 2008, 13, 18; *Gamillscheg,* Kollektives Arbeitsrecht I, 345; *Greiner,* NZA 2008, 1321, 1322; *Hanau/Thüsing,* ZTR 2001, 49, 52 f.; *Henssler,* in: FS Richardi, 2007, S. 553, 558 ff.; *Kissel,* Arbeitskampfrecht, § 35 Rn. 23; *Lobinger,* in: ZAAR-Schriftenreihe Bd. 2, „Zukunft des Arbeitskampfes“, 55, 62 ff.; *Löwisch,* DB 2005, 554, 558; *Meyer,* NZA 2004, 366, 368; *Otto,* Arbeitskampfrecht, § 5 Rn. 15; *Reichold,* BB 2004, 2814, 2816 f.; *Reinartz,* Der Firmentarifvertrag als Flexibilisierungsinstrument, 198 ff.; *Rolf/Clemens,* DB 2003, 1678, 1679 f.; *Thüsing,* NZA 2008, 201, 202 f.; *Walker,* ZfA 2004, 501, 532; *Wank,* RdA 2009, 1, 6; Wiedemann-*Wiedemann,* TVG, Einl. Rn. 328, 450; ders., RdA 1986, 231, 237; *Willemsen/Stammer,* NZA 2007, 413 ff.

413 Siehe: *Hanau/Thüsing,* ZTR 2001, 49, 52; *Kissel,* Arbeitskampfrecht, § 35 Rn. 23 f.; *Rieble,* RdA 2005, 200, 211; *Walker,* ZfA 2004, 501, 532.

414 Däubler-*Schumann,* Arbeitskampfrecht, Rn. 164.

415 *Brecht-Heitzmann,* NJW 2007, 3617, 3620.

416 *Kühling/Bertelsmann,* NZA 2005, 1017, 1026 f.

mitteln ausschließe, sei nicht gegeben.[417] Ansonsten würde die Arbeitnehmerseite auf ein „kollektives Betteln" reduziert werden. [418] Teilweise wird auch darauf abgestellt, ob und inwieweit ein personaler Bezug bei Standortentscheidungen gegeben ist. Standortentscheidungen sollen bei Großunternehmen und Kapitalgesellschaften in der Regel keine so existentielle Bedeutung haben. Hier soll nur die Berufsausübung betroffen sein. Im Gegensatz dazu sei aber beispielsweise bei der Betriebsschließung eines Kleinunternehmens die Freiheit der Berufswahl betroffen und damit auch der Kern der unternehmerischen Betätigungsfreiheit. In diesem Fall könne demnach ein Streik zur Verhinderung der Standortentscheidung unzulässig sein.[419] Bisweilen wird die Zulässigkeit eines Arbeitskampfes gegen eine Standortverlagerung auch an den Motiven des Unternehmers festgemacht. So soll ein Streik zulässig sein, wenn die Standortverlagerung darauf abziele, den Unternehmensgewinn zu maximieren.[420]

bb) Eigener Lösungsansatz

Bei der Abwägung von Unternehmerfreiheit und Tarifautonomie bezüglich der Frage nach der tariflichen Regelbarkeit ging es darum, ob die Tarifvertragsparteien als „Dritte"[421] den Unternehmer in seiner grundsätzlich freien Entscheidungsbefugnis über Standortfragen beschränken dürfen. Im Ergebnis wurde festgestellt, dass Standortgarantien lediglich in einem freiwilligen Haustarifvertrag, nicht hingegen in einem Verbandstarifvertrag vereinbart werden können.[422]

Nachfolgend soll herausgearbeitet werden, ob die Gewerkschaft als „Dritte" den Unternehmer durch einen Streik zwingen kann, einen Haustarifvertrag über die zeitweise Beibehaltung des bisherigen Standortes abzuschließen.

Die Situationen beim Verbandstarifvertrag einerseits und der streikweisen Erzwingung eines Haustarifvertrages andererseits können insoweit miteinander verglichen werden, als in beiden Fällen der Arbeitgeber einer „fremden Macht" gegenüber steht, die abweichende Interessen im Vergleich zu ihm selbst verfolgt. Durch den Beitritt zum Verband unterwirft sich der Arbeitgeber zwar wissentlich geltendem und zukünftigem Tarifrecht. Da der Verbandsbeitritt aber nicht

---

417 Däubler-*Hensche,* TVG, § 1 Rn. 838.

418 *Kühling/Bertelsmann,* NZA 2005, 1017, 1026 f.; *Wolter,* RdA 2002, 218, 226.

419 *Kühling/Bertelsmann,* NZA 2005, 1017, 1027; *Berg/Platow/Schoof/Unterhinninghofen,* TVG, § 1 Rn. 174 f.; Erfurter Kommentar-*Dieterich,* GG, Art. 9 Rn. 116; ders., AuR 2007, 65, 70; *Paschke/Ritschel,* AuR 2007, 110, 114.

420 *Krause,* Standortsicherung und Arbeitsrecht, 96 ff.

421 „Dritte" i. S. v. nicht am Unternehmen Beteiligte.

422 Siehe: Teil 2, D V, S. 97.

jegliches Tarifrecht legitimieren kann[423], müssen die Tarifvertragsparteien beim Abschluss von Tarifverträgen die Grundrechte ihrer Mitglieder beachten. Vor unverhältnismäßigen Eingriffen der Tarifautonomie in grundrechtlich geschützte Positionen müssen die Tarifgebundenen geschützt werden.[424] Ähnlich verhält es sich mit der streikweisen Erzwingung eines Haustarifvertrages, der in die Unternehmerfreiheit eingreift. Der Arbeitgeber legitimiert durch den Vertragsschluss den Tarifinhalt. Erfolgt dies freiwillig, ist schon per se kein Eingriff in die Unternehmerfreiheit gegeben.[425] Wird die Einwilligung des Arbeitgebers in den Tarifvertrag allerdings unter Streikdruck erzwungen, so handelt der Arbeitgeber gerade nicht mehr freiwillig.[426] Insofern kann auch hier davon gesprochen werden, dass der Arbeitgeber sich einer „fremden Macht“ in Gestalt der Gewerkschaft ausgesetzt sieht.

Die Feststellung eines Eingriffs in die Unternehmerfreiheit zieht die Frage nach dem Zweck desselben nach sich. Die Motive der Gewerkschaft, den Arbeitgeber zum Abschluss eines Haustarifvertrages zur Standortsicherung durch einen Arbeitskampf zu zwingen, sind identisch mit den Motiven, die die Gewerkschaft verfolgt, eine Standortsicherung überhaupt tariflich zu regeln. Im Vordergrund steht der Erhalt der Arbeitsplätze, wohingegen es regelmäßig nicht von der Motivlage erfasst ist, wie dieses Ziel erreicht wird. Insofern kann auf die Ausführungen unter Teil 2 verwiesen werden.[427]

Wie bereits bei der Prüfung der Regelungsmacht bei Verbandstarifverträgen sind auch hier die Urteile des LAG Schleswig-Holstein[428] und des LAG Hamm[429] heranzuziehen. Danach muss der Unternehmer autonom darüber entscheiden können, ob, was und wo hergestellt wird. Diese Entscheidung muss frei von Streikdruck bleiben. Zur weiteren Begründung kann auf die Ausführungen unter Teil 2 verwiesen werden.[430]

Die Motive der Gewerkschaft an der Erhaltung des Standortes können die Gründungs- und Beendigungsfreiheit des Unternehmers, die auch die Freiheit über eine Standortverlagerung umfasst, nicht überwiegen, sodass ein Arbeitskampf zur Erzwingung einer solchen Regelung nicht zulässig ist.[431]

---

423 *Schlachter,* in: Jahrbuch des Arbeitsrechts Bd. 40, S. 51, 54.
424 Siehe: Teil 1, D I 2, 43 ff.
425 Siehe: Teil 2, D, 82 ff.
426 Siehe: Teil 2, D II 2, 90 ff.
427 Siehe: Teil 2, C III 2 a), 72 ff.
428 LAG Schleswig-Holstein, Urteil vom 27.3.2003 – 5 Sa 137/03, NZA-RR 2003, 592, 594 f.
429 LAG Hamm, Urteil vom 31.5.2000 – 18 Sa 858/00, NZA-RR 2000, 535, 537.
430 Siehe: Teil 2, C III 2 a), 72 f.
431 Vgl: LAG Hamm, Urteil vom 31.5.2000 – 18 Sa 858/00, NZA-RR 2000, 535, 537; LAG Schleswig-Holstein, Urteil vom 27.3.2003 – 5 Sa 137/03, NZA-RR 2003, 592, 595, 597; *Bauer/Krieger,* NZA 2004, 1019, 1022; *Buchner,* DB 2001, Beil. 9, 1, 7; *Christ,* Freiwillige Tarifverträge,

b) Zeitarbeitsquote

Rechtsprechung zur Zulässigkeit eines Arbeitskampfes, der den Arbeitgeber dazu veranlassen soll, einen Haustarifvertrag über die Begrenzung der Zeitarbeit in seinem Betrieb abzuschließen, existiert – soweit ersichtlich – bisher nicht. Auch die arbeitsrechtliche Literatur hat sich diesbezüglich noch weitgehend zurückgehalten.

Ähnlich wie bei der Abwägung zwischen Unternehmerfreiheit und Tarifautonomie ist auch in Bezug auf die Frage, ob Zeitarbeitsquoten wirksam in einem Tarifvertrag vereinbart werden können, zu klären, welche Eingriffsintensität hier gegeben ist und welchen Zweck die Gewerkschaften mit einer derartigen Regelung verfolgen. Hierzu kann auf die Ausführungen unter Teil 2 verwiesen werden.[432]

Hinter der Forderung der Gewerkschaften zur Begrenzung der Zeitarbeit stehen (beschäftigungs-) politische Ziele. Eine Zeitarbeitsquote bewirkt nicht den Überforderungsschutz der Stammarbeitnehmer oder möglicherweise auch der Zeitarbeitnehmer.[433] Die Gewerkschaften wollen lediglich die aus ihrer Sicht zu weitgehenden gesetzlichen Möglichkeiten des Einsatzes von Zeitarbeit, was aus ihrer Wertung zu prekärer Beschäftigung führt[434], auf tariflicher Ebene einengen. Auch hier ist also zu hinterfragen, ob das Recht der Gewerkschaften, ihre Ziele durch einen Arbeitskampf durchzusetzen, das Recht des Unternehmers, frei und eigenverantwortlich über seinen Personaleinsatz zu entscheiden, überwiegt. Ein solches Überwiegen der Arbeitskampfgarantie ist unter Heranziehung der Ausführungen unter Teil 2 nicht zu erkennen.

Es sind demnach keine gewichtigen Argumente zu finden, weshalb die grundrechtliche geschützte Arbeitskampfgarantie die Unternehmerfreiheit in Gestalt der Entscheidungsfreiheit über den Personaleinsatz überwiegen sollte. Die zwangs-

---

134; *Fischinger,* Arbeitskämpfe bei Standortverlagerung und -schliessung, 78 ff.; ders., NZA 2007, 310, 311; *Franzen,* ZfA 2005, 315, 329; *Gaul,* RdA 2008, 13, 18; *Gamillscheg,* Kollektives Arbeitsrecht I, 345; *Greiner,* NZA 2008, 1321, 1322; *Hanau/Thüsing,* ZTR 2001, 49, 52 f.; *Henssler,* in: FS Richardi, 2007, S. 553, 558 ff.; *Kissel,* Arbeitskampfrecht, § 35 Rn. 23; *Lobinger,* in: ZAAR-Schriftenreihe Bd. 2, „Zukunft des Arbeitskampfes", 55, 62 ff.; *Löwisch,* DB 2005, 554, 558; *Meyer,* NZA 2004, 366, 368; *Otto,* Arbeitskampfrecht, § 5 Rn. 15; *Reichold,* BB 2004, 2814, 2816 f.; *Reinartz,* Der Firmentarifvertrag als Flexibilisierungsinstrument, 198 ff.; *Rolf/Clemens,* DB 2003, 1678, 1679 f.; *Thüsing,* NZA 2008, 201, 202 f.; *Walker,* ZfA 2004, 501, 532; *Wank,* RdA 2009, 1, 6; Wiedemann-*Wiedemann,* TVG, Einl. Rn. 328, 450; ders., RdA 1986, 231, 237; *Willemsen/Stammer,* NZA 2007, 413 ff.

432 Siehe: Teil 2, C III 2 b), S. 78 ff.

433 Siehe: Teil 2, C III 2 b), S. 78 ff.

434 Positionspapier der IG Metall, September 2009, abrufbar unter: http://www.igmetall.de/cps/rde/xchg/internet/style.xsl/aktuelle-positionen-der-ig-metall-1740.htm; (letzter Aufruf am 14.1.2013).

weise Durchsetzung einer tarifvertraglichen Regelung zur Begrenzung der Zeitarbeit im Entleiherbetrieb greift in unzulässiger Weise in die Berufsfreiheit und damit in die Unternehmerfreiheit des Arbeitgebers ein.

3. Verstoß gegen das Gebot der Parität?

Einige Stimmen in der Literatur sehen in der Zwischenlösung, dass tarifliche Regelungen, die einen Kernbereich der Unternehmerfreiheit berühren, in einem Haustarifvertrag vereinbart, aber nicht erstreikt werden können, einen Verstoß gegen den Grundsatz der Parität.[435] Sie stehe im Widerspruch zu der durch Art. 9 Abs. 3 GG gewährleisteten Verhandlungsparität, die nur über das Streikrecht annähernd hergestellt werden könne.[436] Sinn der Tarifautonomie sei es, die strukturelle Schwäche des einzelnen Arbeitnehmers gegenüber dem Arbeitgeber durch die Macht der tariffähigen Koalition auszugleichen. Diese Macht beruhe auf der Bereitschaft und Fähigkeit, den Forderungen durch Arbeitskampfmaßnahmen, insbesondere Streiks, Nachdruck zu verleihen. Die Zwischenlösung stelle die Arbeitnehmerseite machtlos, wohingegen der Arbeitgeber im Falle der Standortverlagerung mit der Androhung dieser über ein hochwirksames Kampfmittel verfüge.[437]

Dieser Auffassung kann nicht gefolgt werden. Zutreffend ist, dass tarifliche Regelungen grundsätzlich auch durch einen Arbeitskampf durchgesetzt werden können. Dies folgt aus Sinn und Zweck der Tarifautonomie. Allerdings muss in Bezug auf die gefundene Lösung berücksichtigt werden, dass es sich um eine Besonderheit der tariflichen Regelungsmacht handelt. Wie unter Teil 2 herausgearbeitet wurde, können Regelungen, die den Kernbereich der Unternehmerfreiheit berühren, nur im Ausnahmefall des freiwilligen Haustarifvertrages zulässig sein. Im Übrigen können derartige Vereinbarungen in Tarifverträgen nicht wirksam getroffen werden, da insofern die grundrechtlich geschützte Unternehmerfreiheit entgegensteht.[438] Diese Besonderheit muss auch bei der Prüfung, ob ein Verstoß gegen den Paritätsgrundsatz vorliegt, berücksichtigt werden. Würde man die Regelungsmacht für Vereinbarungen wie Standortgarantien und Zeitarbeitsquoten generell verneinen, hätten die Tarifvertragsparteien keine Möglichkeit, derartige unternehmerische Belange tarifvertraglich zu regeln. Eine Erstreikbarkeit entfiele damit von vornherein. Da es aber sinnvoll erscheint, eine freiwillige Regelungsbefugnis bei Haustarifverträgen zu bejahen, muss konsequenterweise

435 *Berg/Platow/Schoof/Unterhinninghofen,* TVG, § 1 Rn. 168; *Kühling/Bertelsmann,* NZA 2005, 1017, 1026 ff; *Oberberg/Schoof,* AiB 2002, 169, 173 ff.; *Paschke/Ritschel,* AuR 2007, 110, 112.

436 *Berg/Platow/Schoof/Unterhinninghofen,* TVG, § 1 Rn. 168.

437 *Kühling/Bertelsmann,* NZA 2005, 1017, 1026 ff; *Paschke/Ritschel,* AuR 2007, 110, 112.

438 Siehe: Teil 2, C und D, S. 66 ff. und S. 82 ff.

die Erstreikbarkeit entfallen, um die Unternehmerfreiheit nicht dem einseitigen Zugriff der Gewerkschaft preiszugeben. Ansonsten würde der grundrechtliche Schutz der Unternehmerfreiheit leerlaufen. Insofern ist ein Verstoß gegen die Verhandlungsparität abzulehnen.

Darüber hinaus ist weiter streitig, ob die Androhung einer Standortverlagerung überhaupt ein Kampfmittel im Sinne des Arbeitskampfrechts darstellt. Die Druckausübung, die der Arbeitskampf verlangt, muss durch das Vorenthalten der jeweils geschuldeten Leistung geschehen. Sie muss also die Arbeitsbeziehungen stören.[439] Die Androhung einer Standortverlagerung stört aber nicht die Arbeitsbeziehungen, indem sie eine geschuldete Leistung vorenthält. Es handelt sich um eine Maßnahme im Vorfeld. Daher stellt die Androhung einer Standortverlagerung schon kein Arbeitskampfmittel im Sinne des Arbeitskampfrechts dar.[440]

IV. Zwischenergebnis

Es ist festzuhalten, dass tarifvertragliche Regelungen, die in die Unternehmerfreiheit eingreifen, also auch Standortgarantien und Zeitarbeitsquoten, zwar freiwillig in einem Haustarifvertrag vereinbart, aber nicht durch einen Arbeitskampf erzwungen werden können. Insofern steht dem Recht der Gewerkschaft auf Ausübung der Arbeitskampfgarantie die grundrechtlich geschützte Unternehmerfreiheit des Arbeitgebers als Außenschranke entgegen.

439 *Brox/Rüthers,* Arbeitskampfrecht, Rn. 21; *Gamillscheg,* Kollektives Arbeitsrecht I, 911, 934; *Kissel,* Arbeitskampfrecht, § 13 Rn. 2.

440 Näher dazu: *Franzen,* ZfA 2005, 315, 317ff.

Zusammenfassung der Ergebnisse und Schlusswort

Die tarifliche Regelungsmacht bei Haustarifverträgen ist durch Art. 9 Abs. 3 GG garantiert. Die Zuständigkeit der Koalitionen wird durch den Begriff der Arbeits- und Wirtschaftsbedingungen, der einen unteilbaren Sinn- und Lebenszusammenhang bezeichnet, begrenzt. Hinsichtlich der Zuständigkeit der Koalitionen in Bezug auf unternehmerische Entscheidungen ist nach dem Grad der Auswirkungen auf die Arbeitsverhältnisse zu unterscheiden. Danach sind beispielsweise tarifliche Standortgarantien und Zeitarbeitsquoten vom Begriff der Arbeits- und Wirtschaftsbedingungen umfasst.

Einfachgesetzlich ist die Tarifautonomie durch das Tarifvertragsgesetz ausgestaltet. Nach § 2 Abs. 1 TVG kann auch der einzelne Arbeitgeber Tarifverträge abschließen. Die zulässigen Inhalte von Tarifverträgen normiert § 1 Abs. 1 TVG. Nach Maßgabe des § 1 Abs. 1 TVG können Standortgarantien als schuldrechtliche Vereinbarungen eines Tarifvertrages geregelt werden, Zeitarbeitsquoten hingegen als Betriebsnormen mit normativer Wirkung.

Tarifverträge sind an die Grundrechte der Tarifgebundenen mittelbar gebunden. Dies resultiert aus der Schutzpflichtfunktion der Grundrechte. Dies gilt für Haustarifverträge gleichermaßen wie für Verbandstarifverträge.

Die Unternehmerfreiheit ist verfassungsrechtlich durch die Berufsfreiheit nach Art. 12 Abs. 1 GG, die Eigentumsgarantie nach § 14 GG und subsidiär die allgemeine Handlungsfreiheit nach Art. 2 Abs. 1 GG gewährleistet.

Als verfassungsimmanente Schranke begrenzt die Unternehmerfreiheit die Tarifautonomie. Die kollidierenden Grundrechtspositionen sind im Wege praktischer Konkordanz abzuwägen und zu einem angemessenen Ausgleich zu bringen. Bezogen auf Zeitarbeitsquoten und Standortgarantien kommt man danach zu dem Ergebnis, dass diese nicht mit der Unternehmerfreiheit in Einklang zu bringen sind und daher grundsätzlich nicht in Verbandstarifverträgen geregelt werden können.

In einem freiwilligen Haustarifvertrag hingegen können Regelungen, die das Unternehmerverhalten betreffen, vereinbart werden. So werden die Sachverhalte der Beispielsfälle zu tariflich regelbaren Zielen. Der Unternehmer kann als Tarifvertragspartei auf seine Unternehmerfreiheit verzichten. Voraussetzung hierfür ist, dass der Verzicht im Wege eines Haustarifvertrages erfolgt und freiwillig geschieht. Da insbesondere die Berufsfreiheit nach Art. 12 Abs. 1 GG ein vertragsnahes Grundrecht darstellt, ergeben sich hinsichtlich der Verfügungsbefugnis keine Einschränkungen. Auch der Wesensgehalt der Berufsfreiheit steht in diesem Fall dem wirksamen Grundrechtsverzicht nicht entgegen.

Jedoch können derartige tarifliche Regelungen nicht durch einen Arbeitskampf erzwungen werden. Obwohl die Sachverhalte der Beispielsfälle durch einen Haustarifvertrag regelbar sind, können sie nicht durch Arbeitskampfmaßnahmen erzwungen werden. Dem Recht auf Arbeitskampf zur Durchsetzung tariflicher Regelungen als Bestandteil der Tarifautonomie steht die Unternehmerfreiheit entgegen mit der Folge, dass ein solcher unzulässig ist.

Abschließend ist festzuhalten, dass die tarifliche Regelungsmacht bei Haustarifverträgen in Bezug auf die Unternehmerfreiheit weitreichender ist als die Regelungsmacht bei Verbandstarifverträgen. Regelungen, die das Unternehmerverhalten betreffen, können unabhängig davon, ob sie normativ oder schuldrechtlich wirken, nur in freiwilligen Haustarifverträgen vereinbart werden können. Derartige Sachverhalte sind jedoch nicht durch einen Arbeitskampf erzwingbar. Über die Unternehmerfreiheit kann nur der Arbeitgeber als Tarifvertragspartei ohne Einschränkungen disponieren.

In praktischer Hinsicht bleibt abzuwarten, ob der Trend anhält, Tarifverträge zunehmend auch mit neuen Formen beschäftigungspolitischer Elemente zu versehen bzw. entsprechende Forderungen zu erheben. Sollte sich dies bewahrheiten und zugleich die Erosion des Flächentarifvertrages fortschreiten, wird es eine Frage der Zeit sein, bis auch die Rechtsprechung sich mit der Reichweite der tariflichen Regelungsmacht bei Haustarifverträgen und deren Auswirkungen auf das Arbeitskampfrecht auseinanderzusetzen hat. Es erscheint in jedem Fall wünschenswert, in diesen Fragen Rechtssicherheit durch staatliche Klärung zu erlangen.

Literaturverzeichnis:

Badura, Peter — Das Recht der Koalitionen – Verfassungsrechtliche Fragestellungen, in: Müller, Gerhard (Hrsg.), Arbeitsrecht der Gegenwart Bd. 15, Berlin 1978, S. 17–36.

–. — Verfassungsfragen des nicht koalitionsmäßigen Streiks, DB 1985 Beil. 14, S. 1–7.

Bauer, Jobst-Hubertus, *Krieger,* Steffen — „Firmentarifsozialplan" als zulässiges Ziel eines Arbeitskampfes, NZA 2004, S. 1019–1025.

Bayreuther, Frank — Tarifautonomie als kollektiv ausgeübte Privatautonomie, München 2005.

Bellardita, Alessandro, *Neureither,* Georg — Zwischenprüfungsklausur – Öffentliches Recht: Turban statt Helm?, JuS 2005, S. 1000–1004.

Belling, Detlev — Die Zulässigkeit freiwilliger Sonderzahlungen als Mittel der Streikabwehr, NZA 1990, S. 214–219.

Berg, Peter, *Platow,* Helmut, *Schoof,* Christian, *Unterhinninghofen,* Hermann — Tarifvertragsgesetz und Arbeitskampfrecht, Kompaktkommentar, 3. Auflage, Frankfurt am Main 2010 (zitiert: Berg/Platow/Schoof/Unterhinninghofen, TVG oder Berg/Platow/Schoof/Unterhinninghofen, AKR).

Beuthien, Volker — Mitbestimmung unternehmerischer Sachentscheidung kraft Tarif- oder Betriebsautonomie?, ZfA 1984, S. 1–30.

–. — Die Unternehmensautonomie im Zugriff des Arbeitsrechts, ZfA 1988, S. 1–30.

Biedenkopf, Kurt H. — Grenzen der Tarifautonomie, Karlsruhe 1964.

–. — Sinn und Grenzen der Vereinbarungsbefugnis der Tarifvertragsparteien, in: Gutachten zum 46. Deutschen Juristentag, Berlin 1966, S. 97–167.

Bleckmann, Albert Probleme des Grundrechtsverzichts, JZ 1988, S. 57–62.

Boemke, Burkhard Bindung der Tarifvertragsparteien an die Grundrechte, in: Festschrift 50 Jahre Bundesarbeitsgericht, München 2004, S. 613–630.

Brecht-Heitzmann, Holger Verhinderung von Betriebstilllegungen durch Sozialtarifvertrag, NJW 2007, S. 3617–3620.

Brox, Hans, *Rüthers*, Bernd Arbeitskampfrecht, Stuttgart u. a. 1982.

Brox, Hans, *Rüthers*, Bernd, *Henssler,* Martin Arbeitsrecht, 18. Auflage, Stuttgart 2011.

Buchner, Herbert Das Arbeitskampfrecht unter den Anforderungen der Verhandlungsparität und der Staatsneutralität, RdA 1986, S. 7–23.

–. Unternehmensbezogene Tarifverträge – tarif-, verbands- und arbeitskampfrechtlicher Spielraum, DB 2001, Beil. 9, S. 1–15.

Burkiczak, Christian Grundrechtsbindung der Tarifvertragsparteien oder Relevanz grundrechtlicher Schutzpflichten – Erfurter Einerlei?, RdA 2007, S. 17–22.

Canaris, Claus-Wilhelm Grundrechte und Privatrecht, AcP 1984, Bd. 184, S. 201–246.

Christ, Peter Freiwillige Tarifverträge, Baden-Baden 2007.

Däubler, Wolfgang Die unverhältnismäßige Aussperrung – BAG (Großer Senat) AP, Art. 9 GG Arbeitskampf-Nr.43, JuS 1972, S. 642–648.

–. Das Grundrecht auf Mitbestimmung und seine Realisierung durch tarifvertragliche Begründung von Beteiligungsrechten, Frankfurt a. M. 1975.

–. Tarifvertragsgesetz, Kommentar, 3. Auflage, Bremen 2012 (zitiert: Däubler-*Bearbeiter*).

–. Arbeitskampfrecht, Handbuch für die Rechtspraxis, 3. Auflage, Baden-Baden 2011.

Dieterich, Thomas — Die betrieblichen Normen nach dem Tarifvertragsgesetz vom 9.4.1949, Heidelberg 1964.

–. — Grundgesetz und Privatautonomie im Arbeitsrecht, RdA 1995, S. 129–136.

–. — Die Grundrechtsbindung von Tarifverträgen, in: Festschrift für Günter Schaub, München 1998, S. 117–134.

–. — Zur Verfassungsmäßigkeit tariflicher Betriebsnormen, in: Festschrift für Wolfgang Däubler, Frankfurt am Main 1999, S. 451–464.

–. — Die grundrechtsdogmatischen Grenzen der Tarifautonomie in der Rechtsprechung des Bundesarbeitsgerichtes, in: Festschrift für Herbert Wiedemann, München 2002, S. 229–249.

–. — Unternehmerfreiheit und Arbeitsrecht im Sozialstaat, AuR 2007, S. 65–70.

Doehring, Karl — Das Staatsrecht der Bundesrepublik Deutschland, Frankfurt am Main 1984.

Dreier, Horst — Grundgesetz, Kommentar, 2. Auflage, Bd. I, Präambel, Artikel 1–19, Tübingen 2004 (zitiert: Dreier-*Bearbeiter).*

Dürig, Günther — Art. 9 Grundgesetz in der Kartellproblematik, NJW 1955, S. 729–733.

Dütz, Wilhelm, *Thüsing,* Gregor — Arbeitsrecht, 16. Auflage, München 2011.

Fischinger, Philipp S. — Arbeitskämpfe bei Standortverlagerung und -schließung, Berlin 2006.

–. — Der Grundrechtsverzicht, JuS 2007, S. 808–813.

–. — Streik um Tarifsozialpläne, NZA 2007, S. 310–313.

Fitting, Karl, *Engels,* Gerd, *Schmidt,* Ingrid, *Trebinger,* Yvonne, *Linsenmaier,* Wolfgang — Betriebsverfassungsgesetz, Handkommentar, 26. Auflage, München 2012 (zitiert: Fitting-*Bearbeiter*).

Forsthoff, Ernst — Der Entwurf eines zweiten Vermögensbildungsgesetztes – Eine verfassungsrechtliche Würdigung, BB 1965, S. 381–391.

Franzen, Martin — Kampfverbot für einzelne Tarifinhalte? – dargestellt am Beispiel von Tarifverträgen auf dem Gebiet der Betriebsverfassung, in: Rieble, Volker (Hrsg.), ZAAR-Schriftenreihe Bd. 2, „Zukunft des Arbeitskampfes", München 2005, S. 142–159.

–. — Standortverlagerung und Arbeitskampf, ZfA 2005, S. 315–351.

–. — Kampfmitteleinsatz für außertarifliche Regelungen, in: Rieble, Volker, Junker, Abbo, Giesen, Richard (Hrsg.), ZAAR-Schriftenreihe Bd. 27, „Ausweitung der Tarifmacht – Zugriff auf Unternehmensautonomie und Marktverhalten", München 2012, S. 119–142.

Gamillscheg, Franz — Die Grundrechte im Arbeitsrecht, AcP 1964, Bd. 164, S. 385–445.

–. — Kollektives Arbeitsrecht, Bd. I, München 1997.

Gaul, Björn — Neue Felder des Arbeitskampfes: Streikmaßnahmen zur Erzwingung eines Tarifsozialplans, RdA 2008, S. 13–24.

Giesen, Richard — Grenzen schuldrechtlicher Vereinbarungsmacht über Unternehmerverhalten, in: Rieble, Volker, Junker, Abbo, Giesen, Richard (Hrsg.), ZAAR-Schriftenreihe Bd. 27, „Ausweitung der Tarifmacht – Zugriff auf Unternehmensautonomie und Marktverhalten", München 2012, S. 57–73.

Gilberg, Dirk — Die Unternehmerentscheidung vor Gericht, NZA 2003, S. 817–821.

Greiner, Stefan — „Tarifsozialplan bei Betriebsübergang?", NZA 2008, S. 1274–1281.

Hanau, Hans — Zur Verfassungsmäßigkeit von tarifvertraglichen Betriebsnormen am Beispiel der qualitativen Besetzungsregeln, RdA 1996, S. 158–181.

Hanau, Peter | Welche arbeits- und ergänzenden sozialrechtlichen Regelungen empfehlen sich zur Bekämpfung der Arbeitslosigkeit?, Gutachten zum 63. Juristentag, C1-C92, München 2000.

Hanau, Peter, *Adomeit,* Klaus | Arbeitsrecht, 14. Auflage, Neuwied 2007.

Hanau, Peter, *Thüsing,* Gregor | Tarifverträge zur Beschäftigungssicherung, ZTR 2001, S. 1–6 (Teil 1), S. 49–53 (Teil 2).

Hanau, Peter, *Thüsing,* Gregor | Neue Herausforderungen der Sozialpartner: Tarifverträge zur Beschäftigungssicherung, in: Thüsing, Gregor (Hrsg.), Tarifautonomie im Wandel Bd. 1, Köln 2003, S. 7–34.

Hensche, Detlef | Tarifvertrag und Unternehmenspolitik, AuR 2004, 443–450.

Henssler, Martin | Firmentarifverträge und unternehmensbezogene Verbandstarifverträge als Instrumente einer „flexiblen", betriebsnahen Tarifpolitik, ZfA 1998, S. 517–542.

–. | Der „Arbeitgeber in der Zange" – Rechtsfragen der Firmentarifsozialpläne, in: Festschrift für Reinhard Richardi, München 2007, S. 553–572.

Hergenröder, Curt Wolfgang | Kündigung und Kündigungsschutz im Lichte der Verfassung, ZfA 2002, S. 355–382.

Herschel, Wilhelm | Zur Entstehung des Tarifvertragsgesetzes, ZfA 1973, S. 183–200.

Heß, Harald | Rechtsfragen zum „Betriebsnahen Tarifvertrag" unter Berücksichtigung von Tarifpluralitäten, ZfA 1976, S. 45–78.

Hoeninger, Heinrich | Einige Gedanken zum Recht des Arbeitskampfes, RdA 1953, S. 204–212.

Hoyningen-Huene, Gerrick von | Streikbedingte Sonderzuwendungen als Arbeitskampfmittel, DB 1989, S. 1466–1470.

Hromadka, Wolfgang, *Maschmann,* Frank | Arbeitsrecht Bd. II, Kollektivarbeitsrecht und Arbeitsstreitigkeiten, 5. Auflage, Berlin, Heidelberg 2010.

Hueck, Alfred, *Nipperdey,* Hans Carl — Lehrbuch des Arbeitsrechts, Bd. 2, 1. Halbband, 7. Auflage, Berlin und Frankfurt am Main 1967 (zitiert: Hueck/Nipperdey-*Bearbeiter).*

Hufen, Friedhelm — Staatsrecht II Grundrechte, 3. Auflage, München 2011.

Jarass, Hans D., *Pieroth,* Bodo — Grundgesetz für die Bundesrepublik Deutschland, Kommentar, 11. Auflage, München 2011 (zitiert: Jarass/Pieroth-*Bearbeiter*).

Jacobs, Matthias — Die Erkämpfbarkeit von firmenbezogenen Tarifverträgen mit verbandsangehörigen Arbeitgebern, ZTR 2001, S. 249–257.

Jacobs, Matthias, *Krause,* Rüdiger, *Oetker,* Hartmut — Tarifvertragsrecht, München 2007 (zitiert: Jacobs/Krause/Oetker-*Bearbeiter*).

Kalb, Heinz-Jürgen — Landestagung Brandenburg des deutschen Arbeitsgerichtsverbandes e. V. am 26.10.2006, RdA 2007, S. 188–190.

Käppler, Renate — Tarifvertragliche Regelungsmacht, NZA 1991, 745–754.

Kempen, Otto-Ernst, *Zachert,* Ulrich — Tarifvertragsgesetz, Kommentar für die Praxis, 4. Auflage, Köln 2006 (zitiert: Kempen/Zachert-*Bearbeiter*).

Kissel, Otto Rudolf — Arbeitskampfrecht, Ein Leitfaden, München 2002.

Konertz, Wolfram — Tarifrechtliche Regelungsmöglichkeiten der Rationalisierung, Frankfurt am Main u. a. 1983.

Konzen, Horst — Die Tarifzuständigkeit im Tarif- und Arbeitskampfrecht, in: Festschrift für Alfons Kraft, Neuwried, Kriftel 1998, S. 291–321.

Konzen, Horst, *Scholz,* Rupert — Die begrenzte Aussperrung, DB 1980, S. 1593–1600.

Krause, Rüdiger — Standortsicherung und Arbeitsrecht, Baden-Baden 2007.

Krist, Ingo — Grenzen des Tarifsozialplans, Frankfurt am Main 2010.

Kühling, Jürgen — Arbeitsrecht in der Rechtsprechung des Bundesverfassungsgerichts, AuR 1994, S. 126–132.

Kühling, Jürgen, *Bertelsmann,* Klaus — Tarifautonomie und Unternehmerfreiheit – Arbeitskampf aus Anlass von Standortentscheidungen, NZA 2005, S. 1017–1027.

Lepa, Manfred — Der Inhalt der Grundrechte, Köln 1990.

Lerche, Peter — Verfassungsrechtliche Zentralfragen des Arbeitskampfes zum hessischen Aussperrungsverbot, Bad Homburg v. d. H. 1968.

Lieb, Manfred — Begriff, Geltungsweise und Außenseiterproblematik der Solidarnormen, RdA 1967, S. 441–448.

–. — Gedanken zur Aussperrung, DB 1980, S. 2188–2195.

–. — Erkämpfbarkeit von Firmentarifverträgen mit verbandsangehörigen Arbeitgebern, DB 1999, S. 2058–2067.

Lobinger, Thomas — Arbeitskämpfe bei Standortschließungen und -verlagerungen, in: Rieble, Volker (Hrsg.), ZAAR-Schriftenreihe Bd. 2, „Zukunft des Arbeitskampfes", München 2005, S. 56–84.

Löwisch, Manfred — Besteht ein Grund, die Rechtsprechung des Bundesarbeitsgerichts zur Aussperrung zu ändern?, RdA 1980, S. 1–14.

–. — Arbeitskampf- und Schlichtungsrecht, Heidelberg 1997 (zitiert: Löwisch-*Bearbeiter*).

–. — Grundrechtsbindung der Tarifvertragsparteien, Anmerkung zu BAG v. 5.10.1999 – 4 AZR 668/98, RdA 2000, S. 310–314.

–. — Beschäftigungssicherung als Gegenstand betrieblicher und tariflicher Regelungen und von Arbeitskämpfen, DB 2005, S. 554–559.

Löwisch, Manfred, *Rieble,* Volker (Hrsg.) — Tarifvertragsgesetz, Kommentar, 3. Auflage, München 2012.

Malorny, Michael — Der Grundrechtsverzicht, JA 1974, S. 475–480.

Maunz, Theodor, *Dürig,* Günther (Hrsg.) — Grundgesetz, Kommentar, 66. Ergänzungslieferung, München 2012 (zitiert: Maunz/Dürig-*Bearbeiter*).

Mangoldt, Hermann von, *Klein,* Friedrich, *Starck,* Christian (Hrsg.) — Kommentar zum Grundgesetz, 6. Auflage, Bd. I, Präambel, Art. 1–19, München 2010 (zitiert: v. Mangoldt/Klein/Stark-*Bearbeiter).*

Matthes, Hans-Christoph — Der Arbeitgeber als Tarifvertragspartei, in: Festschrift für Günter Schaub, München 1998, S. 476–485.

Mayer-Maly, Theo — Gemeinsame Einrichtungen im Spannungsfeld von Tarifmacht und Organisationspolitik, BB 1965, S. 829–834.

–. — Leistungsdifferenzierung und Tarifmachtbegrenzung, BB 1966, S. 1067–1070.

Meik, Frank Andreas — Der Kernbereich der Tarifautonomie, Berlin 1987.

Merten, Detlef, *Papier,* Hans-Jürgen (Hrsg.) — Handbuch der Grundrechte, Bd. III, Grundrechte in Deutschland, Allgemeine Lehren II, Heidelberg 2009 (zitiert: Handbuch der Grundrechte-*Bearbeiter*).

Meyer, Cord — Das Regelungsverhältnis von Verbands- und firmenbezogenem Verbandstarifvertrag im Vergleich zum Haustarifvertrag, NZA 2004, S. 366–370.

–. — Beschäftigungssichernde Tarifverträge, ZTR 2005, S. 394–405.

Middel, Dieter — Öffentlich-rechtliche Willenserklärungen von Privatpersonen, Berlin 1971.

Müller, Christoph J. — Die Berufsfreiheit des Arbeitgebers, Köln 1996.

Müller-Glöge, Rudi, *Preis,* Ulrich, *Schmidt,* Ingrid (Hrsg.) — Erfurter Kommentar zum Arbeitsrecht, 13. Auflage, München 2013 (zitiert: Erfurter Kommentar-*Bearbeiter).*

Münch, Ingo von, *Kunig,* Philip (Hrsg.) — Grundgesetz-Kommentar, 5. Auflage, Bd. I, Präambel bis Art. 19, München 2000 (zitiert: von Münch/Kunig-*Bearbeiter*).

Nikisch, Arthur — Arbeitsrecht Bd. II, Koalitionsrecht, Arbeitskampfrecht und Tarifvertragsrecht, Tübingen 1959.

Oberberg, Max, *Schoof,* Christian — Erstreikbarkeit eines Ergänzungstarifvertrages für den Betrieb eines verbandsangehörigen Arbeitgebers, AiB 2002, S. 169–186.

Olschweski, Klaus — Standorterhaltung und Arbeitskampf, Berlin 2010.

Otto, Hansjörg — Arbeitskampf- und Schlichtungsrecht, München 2006.

Palandt, Otto (Hrsg.) — Bürgerliches Gesetzbuch, Kommentar, 72. Auflage, München 2013 (zitiert: Palandt-*Bearbeiter*).

Papier, Hans-Jürgen — Der verfassungsrechtliche Rahmen für Privatautonomie im Arbeitsrecht, RdA 1989, S. 137–144.

Paschke, Christian, *Ritschel,* Andrea — Erstreikbarkeit von Tarifverträgen aus Anlass von Standortentscheidungen, AuR 2007, S. 110–114.

Picker, Eduard — Der Warnstreik und die Funktion des Arbeitskampfes in der Privatrechtsordnung, Köln 1983.

–. — Tarifmacht und tarifvertragliche Arbeitsmarktpolitik, ZfA 1998, S. 573–714.

Pieroth, Bodo, *Schlink,* Bernhard — Grundrechte Staatsrecht II, 27. Auflage, Heidelberg u. a. 2011.

Preis, Ulrich — Autonome Unternehmerentscheidung und „dringendes betriebliches Erfordernis“, NZA 1995, S. 241–250.

–. — Kollektivarbeitsrecht, Lehrbuch für Studium und Praxis, 2. Auflage, Köln 2009.

Reichold, Hermann — Zulässigkeitsgrenzen eines Arbeitskampfes zur Standortsicherung, BB 2004, S. 2814–2818.

Reinartz, Oliver — Der Firmentarifvertrag als Flexibilisierungsinstrument, Frankfurt am Main 2008.

Reuß, Wilhelm — Kollektivrechtliche und (gebündelte) individualrechtliche Arbeitskampfmittel, JZ 1965, S. 348–351.

Reuter, Dieter — Zulässigkeit und Grenzen tarifvertraglicher Besetzungsregeln, ZfA 1978, S. 1–44.

–. — Können verbandsangehörige Arbeitgeber zum Abschluss von Haustarifverträgen gezwungen werden?, NZA 2001, S. 1097–1107.

Richardi, Reinhard — Die Stellung des Arbeitskampfes in der gesamtwirtschaftlichen Rechtsordnung, RdA 1966, S. 241–249.

–. Kollektivgewalt und Individualwille bei der Gestaltung des Arbeitsverhältnisses, München 1968.

Richardi, Reinhard, *Wlotzke,* Otfried, *Wißmann,* Hellmut, *Oetker,* Hartmut (Hrsg.) Münchner Handbuch zum Arbeitsrecht, 3. Auflage, München 2009 (zitiert: MünchArbR-*Bearbeiter*).

Rieble, Volker Die tarifliche Schlichtungsstelle nach § 76 VIII BetrVG, RdA 1993, S. 140–152.

–. Beschäftigungspolitik durch Tarifvertrag, ZTR 1993, S. 54–61.

–. Tarifvertrag und Beschäftigung, ZfA 2004, S. 1–65.

–. Arbeitsniederlegung zur Standorterhaltung, RdA 2005, S. 200–212.

Rieble, Volker, *Wiebauer,* Bernd Kollektivarbeitsrechtliche Regulierung beim Entleiher, in: Rieble, Volker, Junker, Abbo, Giesen, Richard (Hrsg.), ZAAR-Schriftenreihe Bd. 15, „Zukunft der Zeitarbeit", München 2009, S. 65–103.

Robbers, Gerhard Der Grundrechtsverzicht, JuS 1985, S. 925–931.

Rolfs, Christian, *Clemens,* Fabian Erstreikbarkeit firmenbezogener Verbandstarifverträge, DB 2003, S. 1678–1681.

Rost, Friedhelm Die aktuelle Rechtsprechung des Bundesarbeitsgerichtes zur Unternehmerentscheidung bei betriebsbedingter Kündigung, in: Wißmann, Hellmut (Hrsg.), Jahrbuch des Arbeitsrechts Bd. 39, Berlin 2002, S. 83–103.

Ruffert, Matthias Vorrang der Verfassung und Eigenständigkeit des Privatrechts, Tübingen 2001.

Rüthers, Bernd Rechtsprobleme der Aussperrung, Berlin 1980.

Sachs, Michael (Hrsg.) Grundgesetz, Kommentar, 6. Auflage, München 2011 (zitiert: Sachs-*Bearbeiter*).

Säcker, Franz Jürgen Kollektivgewalt und Individualwille bei der Gestaltung des Arbeitsverhältnisses, RdA 1969, S. 291–302.

–. Die Institutions- und Betätigungsgarantie der Koalitionen im Rahmen der Grundrechtsordnung, in: Müller, Gerhard (Hrsg.), Arbeitsrecht der Gegenwart Bd. 12, Berlin 1975, S. 17–67.

Säcker, Franz Jürgen, *Oetker,* Hartmut Grundlagen und Grenzen der Tarifautonomie, München 1992.

Schaub, Günter Arbeitsrechts-Handbuch, 14. Auflage, München 2011.

Schlachter, Monika Grundrechtsbindung von Tarifnormen, in: Wißmann, Hellmut (Hrsg.), Jahrbuch des Arbeitsrechts Bd. 40, Berlin 2003, S. 51–64.

Schliemann, Harald Arbeitsgerichtliche Kontrolle von Tarifverträgen, ZTR 2000, S. 198- 206.

Schlink, Bernhard Der Grundsatz der Verhältnismäßigkeit, in: Festschrift 50 Jahre Bundesverfassungsgericht Bd. II, Tübingen 2011, S. 445–465.

Scholz, Rupert Die Berufsfreiheit als Grundlage und Grenze arbeitsrechtlicher Regelungssysteme, ZfA 1981, S. 265–302.

Schwarze, Roland Die Grundrechtsbindung der Tarifnormen aus Sicht grundrechtlicher Schutzpflichten, ZTR 1996, 1–8.

Seiter, Hugo Streik und Aussperrungsrecht, Tübingen 1975.

Söllner, Alfred Das Begriffspaar der Arbeits- und Wirtschaftsbedingungen in Art. 9 Abs. 3 GG, in: Müller, Gerhard (Hrsg.), Arbeitsrecht der Gegenwart Bd. 16, Berlin 1979, S. 19–28.

Stern, Klaus Das Staatsrecht der Bundesrepublik Deutschland, Bd. III/2, Allgemeine Lehren der Grundrechte, München 1994.

Sunnus, Michael Arbeitskampfrecht in Bewegung? Alte Begriffe und neue Rechtsprechung, AuR 2008, S. 1–12.

Thüsing, Gregor (Hrsg.) Tarifautonomie im Wandel, Bd. 1, Köln 2003.

–. Dreigliedrige Standortvereinbarungen, NZA 2008, S. 201–207.

Thüsing, Gregor, *Braun,* Axel (Hrsg.) — Tarifrecht, Handbuch, München 2011 (zitiert.: Thüsing/Braun-*Bearbeiter).*

Waltermann, Raimund — Beschäftigungspolitik durch Tarifvertrag?, NZA 1991, S. 754–760.

–. — Zu den Grundlagen der Tarifautonomie, ZfA 2000, S. 53–86.

Walker, Wolf-Dietrich — Die freie Unternehmerentscheidung im Arbeitsrecht, ZfA 2004, S. 501–535.

Wank, Rolf — Grundlagen des Arbeitskampfrechts, in: Festschrift für Otto Rudolf Kissel, München 1994, S. 1225–1252.

–. — Aktuelle Probleme des Arbeitskampfrechts, Unterstützungsstreik, Streik um Tarifsozialplan, Schadensersatz und einstweilige Verfügung, RdA 2009, S. 1–13.

Weber, Werner — Koalitionsfreiheit und Tarifautonomie als Verfassungsproblem, Berlin 2004.

Weiss, Manfred, *Weyand,* Joachim — Die tarifvertragliche Regelung der Ausbildung der Redaktionsvolontäre an Tageszeitungen, BB 1990, S. 2109–2118.

Weyand, Joachim — Die tarifvertragliche Mitbestimmung unternehmerischer Personal- und Sachentscheidungen, Baden-Baden 1989.

Wiedemann, Herbert — Unternehmensautonomie und Tarifvertrag, RdA 1986, S. 231–241.

–. — Tarifvertragsgesetz, Kommentar, 7. Auflage, München 2007 (zitiert: Wiedemann/*Bearbeiter*).

Wiese, Günther — Individuum und Kollektiv im Recht der Koalitionen, ZfA 2008, S. 317–351.

Wiese, Günther, *Kreutz,* Peter, *Oetker,* Hartmut, *Raab,* Thomas, *Weber,* Christoph, *Franzen,* Martin — Betriebsverfassungsgesetz, Gemeinschaftskommentar, 9. Auflage, Bd. I, §§ 1–73b mit Wahlordnungen, Köln 2010 (zitiert: GK-*Bearbeiter*).

Willemsen, Heinz Josef, *Stamer,* Katrin — Erstreikbarkeit tariflicher Sozialpläne: Die Wiederherstellung der Arbeitskampfparität, NZA 2007, S. 413–418.

Wolter, Henner — Standortsicherung, Beschäftigungssicherung, Unternehmensautonomie, Tarifautonomie, RdA 2002, S. 218–226.

Zachert, Ulrich — Achtung: Beschäftigungssicherung durch Tarifvertrag als Prüfstein für Umfang und Grenzen der Tarifautonomie, DB 2001, S. 1198–1202.

–. — Elemente einer Dogmatik der Grundrechtsbindung der Tarifparteien, AuR 2002, S. 330–332.

–. — Individuum und Kollektiv im Arbeitsrecht: alte Fragen – neue Probleme, AuR 2002, S. 41–49.

Zöllner, Wolfgang — Anmerkung zu LAG Düsseldorf Urteil vom 19.9.1960-1 Sa 300/60, AP Nr. 1 zu § 4 TVG.

–. — Tarifvertragliche Differenzierungsklauseln, Düsseldorf 1967.

Zöllner, Wolfgang, *Loritz,* Karl-Georg, *Hergenröder,* Curt Wolfgang — Arbeitsrecht, 6. Auflage, München 2008.

Abkürzungsverzeichnis

Kirchner, Hildebert, *Pannier von,* Dietrich — Abkürzungsverzeichnis der Rechtssprache, 6. Auflage, Berlin 2008.

Schriften zum Arbeitsrecht und Wirtschaftsrecht

Herausgegeben von Abbo Junker

Band 1 Christoph-N. Lerche: Der Europäische Betriebsrat und der deutsche Wirtschaftsausschuß. Eine vergleichende Analyse der betrieblichen Mitwirkung der Arbeitnehmer vor dem Hintergrund der Globalisierung der Märkte. 1997.

Band 2 Christian Walter Mecke: Zur rechtlichen Verbindlichkeit kollektiver Vereinbarungen in England. 1997.

Band 3 Katja Francke: Die betriebliche Mitwirkung der Arbeitnehmer in Belgien. Unter Berücksichtigung vergleichender Aspekte zum deutschen Betriebsverfassungsrecht. 1997.

Band 4 Christian Schulze: Die Zulässigkeit einstweiliger Verfügungen gegen Betriebsänderungen. 1998.

Band 5 Stefan Miersch: Die Rechtsfolgen mitbestimmungswidriger Maßnahmen für das Arbeitsverhältnis. Eine zivilrechtsdogmatische Untersuchung. 1998.

Band 6 Heike Wegner: Internationaler Verbraucherschutz beim Abschluß von Timesharingverträgen: § 8 Teilzeitwohnrechtegesetz. 1998.

Band 7 Julia Wichmann: Dienstleistungsfreiheit und grenzüberschreitende Entsendung von Arbeitnehmern. 1998.

Band 8 Johann-Volker Peter: Société par actions simplifiée (S.A.S.). Die Vereinfachte Aktiengesellschaft in Frankreich, eine Rechtsform für die Kooperation von Unternehmen. 1999.

Band 9 Sylvia Schnelle: Der Europäische Betriebsrat in Spanien. Zugleich eine Einführung in das spanische Recht der Arbeitnehmervertretung. 1999.

Band 10 Viktoria Bornhagen: Die Zumutbarkeit als Rechtsgedanke im Arbeitsrecht. 1999.

Band 11 Thorsten Schacht: Der Übereilungsschutz beim arbeitsrechtlichen Aufhebungsvertrag. Arbeitnehmerschutz bereits de lege lata? 2000.

Band 12 Marcus Hellmann: Immobilienkauf nach spanischem Recht. 1999.

Band 13 Nicolaus Johannes Ehinger: Die juristischen Personen des öffentlichen Rechts als herrschende Unternehmen. 2000.

Band 14 Alexander Lentz: Das kollektive Arbeitsrecht der Republik Südafrika. Eine Untersuchung mit Bezügen zum deutschen Recht. 2000.

Band 15 Michaela Brunssen: Der Arbeitgeberverbandswechsel. Tarifrechtliche und arbeitskampfrechtliche Konsequenzen. 2000.

Band 16 Morten Petersenn: Das Recht des Grundstückskaufs in Südafrika. 2000.

Band 17 Stefan Krüger: Die umwandlungsrechtliche Haftungsregelung bei der Betriebsaufspaltung und ihre Analogiefähigkeit. 2001.

Band 18 Jürgen Kitzinger: Der GmbH-Geschäftsführer zwischen Arbeits- und Gesellschaftsrecht. Im Blickpunkt: Zuständigkeit der Arbeitsgerichte. 2001.

Band 19 Anja Ruge: Die Lohnersatzansprüche ehemaliger Zwangsarbeiter gegen deutsche Industrieunternehmen. 2001.

Band 20 Michael Knoll: Die Sozialauswahl im Arbeitsrecht. 2001.

Band 21 Britta Albrecht: Mediation im Arbeitsrecht. Individualarbeitsrecht und Betriebsverfassungsrecht. 2001.

Band 22 Annusch Barten: Das System der Arbeitnehmervertretung in Frankreich. 2001.

Band 23 Diane Westera: Der Wiedereinstellungsanspruch nach wirksamer Kündigung. 2001.

Band 24 Kristin Doerlich: Die Tariffähigkeit der Gewerkschaft. Eine Analyse der Mächtigkeitsrechtsprechung des Bundesarbeitsgerichts im Lichte neuerer Erfahrungen. 2002.

Band 25 Tina Witten: Vertragsgestaltung und Gesetzesbindung im Recht der Zeitarbeit. 2002.

Band 26 Martin Hellfeier: Die Leistungszeit im Arbeitsverhältnis. Eine Untersuchung zum Fixschuldcharakter der Arbeitspflicht und zu den Folgen ihrer Nichterfüllung. 2003.

Band 27 Almut Maulshagen: Betriebliche Arbeitskampfregelungen. 2003.

Band 28 Maren Band: Tarifkonkurrenz, Tarifpluralität und der Grundsatz der Tarifeinheit. 2003.

Band 29 Manuela Schulz: Der Bereitschaftsdienst in öffentlich-rechtlich organisierten Krankenhäusern. Eine rechtliche Bewertung. 2003.

Band 30 Felix Benedikt: Die Kürzung von Tariflöhnen zur Sanierung. Eine verfassungskonforme Auslegung des § 3 III TVG entsprechend § 626 BGB. 2003.

Band 31 Tim Kaden: Individuelle Bündnisse für Arbeit und Günstigkeitsprinzip. 2003.

Band 32 Simone Kreiling: Die Erstreckung betrieblicher und betriebsverfassungsrechtlicher Tarifnormen auf Außenseiter. 2004.

Band 33 Carsten Beck: Betriebliche Mitbestimmung und Kündigungsschutz. Die Funktionen betrieblicher Mitbestimmung im und deren Einfluß auf den Kündigungsschutz nach dem KSchG. 2004.

Band 34 Jost Eder: Die Regelungsabrede als Alternative zur Betriebsvereinbarung bei der Gestaltung materieller Arbeitsbedingungen. 2004.

Band 35 Christian Pfab: Wirkungsweise und Reichweite tarifvertraglicher Öffnungsklauseln. 2004.

Band 36 Julia Amlang: Die unternehmerische Entscheidungsfreiheit bei „betriebsbedingten Kündigungen" im europäischen Rechtsvergleich. Kündigung aus wirtschaftlichen Gründen in Deutschland, Frankreich, Spanien, Großbritannien und Schweden. 2005.

Band 37 Alida Milthaler: Das Fragerecht des Arbeitgebers nach den Vorstrafen des Bewerbers. 2006.

Band 38 Doreen Peter: Nebentätigkeiten von Arbeitnehmern. Interessenkollisionen von Arbeitgebern und Arbeitnehmern. 2006.

Band 39 Julia V. C. Bartlog: Das Verhältnis von Gesetz und Tarifvertrag. 2006.

Band 40 Michael Fuhlrott: Der geschädigte Arbeitnehmer. Zur Verfassungsmäßigkeit des Ausschlusses von Schmerzensgeld in der Unfallversicherung sowie zur Herleitung der Haftung bei Eigenschäden im Hinblick auf das Verschuldensprinzip. 2006.

Band 41 Femke Reinecke: Leistungsbestimmung des Arbeitnehmers. 2006.

Band 42 Maria M. Bausback: Der Bestandsschutz des Arbeitsverhältnisses auf europäischer und internationaler Ebene. Entwicklungen vom Mittelalter bis zur Gegenwart. Teil 1 / Teil 2. 2007.

Band 43 Jens Günther: AGB-Kontrolle von Arbeitsverträgen. Analyse der deutschen Rechtslage nach der Schuldrechtsreform und vergleichende Betrachtung des österreichischen Kontrollsystems. 2007.

Band 44 Claudiana Triskatis: Ethikrichtlinien im Arbeitsrecht. 2008.

Band 45 Annette Bruder: Die Weitergabe von Insiderinformationen durch Arbeitnehmervertreter. 2008.

Band 46 Ute Dietrich: Nichtraucherschutz am Arbeitsplatz. 2008.

Band 47 Markus Ebert: Übertragung und Zuordnung von Versorgungsverpflichtungen gegenüber Arbeitnehmern im Rahmen einer umwandlungsrechtlichen Spaltung. 2008.

Band 48 Susanne Schneider: Broad-based Black Economic Empowerment in der Republik Südafrika. 2008.

Band 49 Mandy Reichel: Die Einbeziehung des Außenseiter-Arbeitgebers in den Verbandsarbeitskampf. 2008.

Band 50 Abbo Junker (Hrsg.): Betriebsübergang in Europa. Symposion aus Anlass des 10-jährigen Bestehens der Schriften zum Arbeitsrecht und Wirtschaftsrecht am 10.10.2008 in München. 2009.

Band 51 Till Bender: Vorschläge zur Neuordnung des Sonderkündigungsschutzes nach MuSchG und SGB IX. 2009.

Band 52 Manuela Rauch: Die geschlechtsbezogene Diskriminierung am Arbeitsplatz nach kalifornischem Recht. 2009.

Band 53 Tina Luise Allenberg: Das französische règlement intérieur d'entreprise. Die Arbeitsordnung im französischen Arbeitsrecht. 2009.

Band 54 Bernd Haas: Anwaltliches Mandatsverhältnis zum Betriebsrat. 2009.

Band 55 Martin Fröhlich: Die erweiterte Weisungsbefugnis des Arbeitgebers im spanischen Recht. 2009.

Band 56 Stefanie Lorenzen: Inhaltskontrolle beim Betriebsübergang. Die Anpassung tariflicher Arbeitnehmerpflichten nach Privatisierungen. 2009.

Band 57 Oliver E. Aldea: Das französische Kündigungsrecht im Spannungsfeld von Abfindungen und Bestandsschutz. 2010.

Band 58 Wolfgang Stock: Die Einsetzung einer Transfergesellschaft. Unter besonderer Berücksichtigung betriebsverfassungs- und arbeitsförderungsrechtlicher Vorgaben. 2010.

Band 59 Claudia Hagedorn: Zulässigkeit und Grenzen von Tarifsozialplänen. 2010.

Band 60 Daniela Quink: Inhaltskontrolle von Freiwilligkeitsvorbehalten in Arbeitsverträgen. 2010.

Band 61 Kathrin Kentner: Arbeitskampfmittel der Arbeitgeber. 2010.

Band 62 Angela Nunes Fernandes Gil Wolf: Arbeitnehmereinsatz im Ausland. Das auf doppelte Arbeitsverhältnisse anwendbare Recht am Beispiel der Vertragsgestaltung eines internationalen Konzerns. 2010.

Band 63 Annemarie Berthold: Whistleblowing in der Rechtsprechung des Bundesarbeitsgerichts. 2010.

Band 64 Malte Koch: Die Beteiligung von Arbeitnehmervertretern an Aufsichtsrats- und Verwaltungsratsausschüssen einer Europäischen Aktiengesellschaft. 2011.

Band 65 Agnes Maria Kollerbaur: Die französische Arbeitsinspektion. Eine Untersuchung unter besonderer Berücksichtigung ihrer Rolle bei Kündigungen. 2011.

Band 66 Marcus Christian Leinenweber: Landesschlichtungsgesetze? 2011.

Band 67 Frederike Cathérine Gärtner: Die gesetzliche Regulierung von Bahnstreiks in Frankreich. Arbeitskampf vs. Kontinuität öffentlicher Dienstleistungen. 2011.

Band 68 Carolin van Straelen: Der Rollenkonflikt des Arbeitnehmervertreters zwischen Betriebsratsmitglied und Gewerkschaftsfunktionär. 2012.

Band 69 Anna Maria Jordan: Entgeltdiskriminierung in Frauenberufen? 2012.

Band 70 Dominic Köstner: Compliance-Richtlinien im Unternehmen. Arbeits- und datenschutzrechtliche Implementierungsaspekte. 2012.

Band 71 Michael Kobler: Fremdeinflüsse auf die tarifliche Willensbildung. 2012.

Band 72 Anne Kraas: Zulässigkeit und Grenzen der arbeitsvertraglichen Entgeltflexibilisierung. 2012.

Band 73 Melanie Amann: Die Belegschaftsabstimmung. 2012.

Band 74 Christina Mennemeyer: „Dritter Weg" und rechtliche Grenzen der Flexibilisierung des Arbeitsrechts der katholischen Kirche. 2012.

Band 75 Joël Philipp Hofmann: Rechtsmissbrauch und Verwirkung bei Widerspruch gegen den Übergang des Arbeitsverhältnisses nach § 613a BGB. 2013.

Band 76 Jennifer Junker: Das Recht der Arbeitnehmerüberlassung in Japan. 2013.

Band 77 Gabriele Geiselhart: Tarifliche Regelungsmacht bei Haustarifverträgen und Unternehmerfreiheit. Dargestellt am Beispiel von Standortgarantien und Zeitarbeitsquoten. 2013.

www.peterlang.de

www.ingramcontent.com/pod-product-compliance
Ingram Content Group UK Ltd.
Pitfield, Milton Keynes, MK11 3LW, UK
UKHW021856290926
8980IPUK00005B/862

9 783631 629826